KB176082

경영자와 실무자를 위한

안전 경영 따라 하기

산업안전보건법 &
중대재해처벌법 대응

경영자와 실무자를 위한

산업안전보건법 &
중대재해처벌법 대응

안전 경영 따라 하기

엄상용 지음

이담북스

우리나라의 안전경영은 중대재해처벌법 시행(2022.1.27) 이전과 이후로 구분된다는 말이 있다. 중대재해처벌법의 장 · 단점을 논하기 전에 이 법의 영향력이 그만큼 강력하다는 것을 의미한다.

많은 대기업이 중대재해처벌법 시행에 따라 CSO(Chief Safety Officer, 최고안전책임자)를 선임하고, 안전관리 전담조직을 정비하는 등 적극적인 대응을 하고 있는 데 반해 대부분의 중소 · 중견기업들의 상황은 녹록하지 않다. 대기업의 경우 재정적 · 조직적 대응이 가능하나, 중소 · 중견기업은 상대적으로 여력이 부족하기 때문이다.

중대재해처벌법은 5인 미만의 사업장은 적용 대상에서 제외하며, 상시 근로자가 5인 이상 50인 미만인 경우는 유예 기간이 지나는 2024년 1월 27일부터 적용 대상이 된다. 고용노동부 자료에 따르면, 중대재해처벌법 시행 이후 발생한 산재사고 중 중대재해처벌법 미대상(5인 미만)이거나, 유예 대상(50인 미만)인 중소기업의 사고가 전체의 약 80%를 차지한다고 한다.

이처럼 중소기업의 사고 발생률이 높은 데 반해, 안전경영에 대한 체계를 갖추기에는 여력과 유예 기간이 턱없이 부족하다. 그렇다고 이 법을 피해 갈 수 없을뿐더러 유예 기간을 더 연장하는 것도 쉽지 않아 보인다.

본래 중대재해처벌법의 법 제정 목적은 경영책임자가 사업 또는 사업장에 대한 안전과 보건에 관한 투자를 확대하고 안전 및 보건 조치가 실효성을 갖도록 체계적으로 관리하여 중대재해를 예방하는 것이다. 즉, 경영책임자가 안전보건관리체계를 구축하고 관리하여 산업안전보건의 질을 높이려는 것으로, 처벌 자체가 목적이 아닌 근로자를 포함한 종사자와 일반 시민의 생명과 신체를 보호하기 위한 수단이다.

다만, 법의 명칭에 '처벌'이란 용어가 포함되어 있어서 법 제정 목적이 변질되거나 단순히 처벌을 피해 가기 위한 미봉책 수준의 대응은 지양해야 한다고 생각한다.

이 책은 산업안전보건법 및 중대재해처벌법 대응을 위해 안전경영을 처음 시작하거나 어려움을 겪고 있는 중소 · 중견기업 경영자와 안전경영 실무자에게 도움을 주고자 작성하였다. 다만, 이 책에서 제안하는 안전경영 가이드는 전적으로 저자의 경험을 바탕으로 작성한 것이므로 기업의 규모, 사업운영 방식, 조직 형태 등 다양한 기업의 특성을 고려하여 취할 건 취하고 생략할 건 과감히 생략하거나 수정 · 보완하여 적용해 보기를 바란다.

안전(安全)경영으로

안정(安定)경영을 이루길 바라며,

엄상용

목차

Section

II 본격적으로 따라 하기

Section III 사례 따라 하기

따라 하기에 앞서

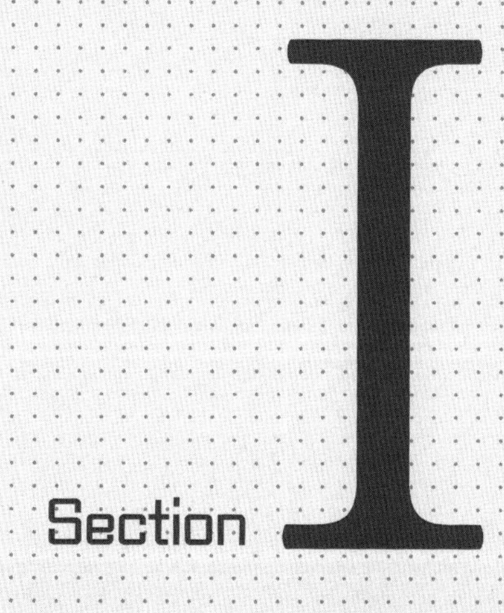

Section I

'시작이 반이다'라는 속담이 있다. 그만큼 실행의 중요성을 강조하는 말인데, 그렇다고 어떤 일을 추진함에 있어서 사전 이해 없이 무턱대고 실행한다면 큰 낭패를 보기 쉽다. 안전경영 또한 올바른 이해와 더불어 기업이 처한 현재 상황과 수준을 제대로 파악하여 적절한 목표와 실행계획을 수립하는 것이 무엇보다 중요하다.

따라서, 본격적인 안전경영 따라 하기에 앞서 안전경영 이해하기, 현 수준 파악하기, 목표 수립하기 순으로 설명하고자 한다.

그림 1-01 : 따라 하기에 앞서

안전경영 이해하기	■ 안전경영의 정의 ■ 안전경영의 목적 ■ 안전경영의 실행

현수준 파악하기	■ Measure의 중요성 ■ 요구수준과 활동수준 ■ 수준파악 Assessment

목표 수립하기	■ 방향성과 전략 수립 ■ 과정지표와 결과지표 ■ Master Plan 수립

1.

안전경영 이해하기

1) 안전경영의 정의 [What]

안전(安全) + 경영(經營)

안전(安全)은 '위험이 생기거나 사고가 날 염려가 없음, 또는 그러한 상태'를 의미한다. 단지 재해나 사고가 발생하지 않는 상태를 안전이라고 할 수 없으며, 보이지 않는 위험까지 예측하여 대책을 수립하고 적절한 활동을 통해 위험을 제거해야만 안전이라 할 수 있다.

통상적으로 안전의 범주는 안전을 비롯하여 보건과 환경을 아우르고(EHS; Environment, Health, and Safety), 나아가 보안 · 품질 · 에너지 등의 영역까지 포함하는 경우도 많다. 특히, 산업안전 관점에서는 안전과 보건을 함께 의미하는 경우가 많다.

경영(經營)은 '일정한 목적을 달성하기 위하여 인적 · 물적 자원을 결합한 조직 또는 그 활동'을 의미한다. 여기서 목적이 무엇이냐에 따라 매우 다양한 형태의 의미 조합이 가능한데, 예컨대 '지식경영', '품질경영', 'ESG경영' 등의 형태로 경영의 목적을 설명할 수 있다.

일반적으로 경영자는 기업의 오너(Owner)만을 생각하기 쉽지만, 각 경영 활동의 수행을 지휘 · 감독하는 사람도 포함한다. 즉,

각 분야의 여러 목적 달성을 위한 관리책임자를 포함하며, 나아가 과업 달성을 위한 개인으로까지 확대할 수 있다.

앞선 두 용어를 결합한 안전경영(安全經營)은 '여러 범주의 안전을 포괄하여 기업 운영상 위험이 생기거나 사고가 날 염려를 없앨 목적으로, 인적 · 물적 자원을 집중하여 수행하는 활동'으로 정의할 수 있다.

따라서, 안전경영을 위해 기업은 사업장 내 위험 요인을 발굴하여 제거 · 대체 · 통제 등의 방안을 마련해 이행하고, 이를 지속적으로 개선하는 체계를 구축하여야 한다. 즉, 경영책임자가 재무 목표 달성을 위한 관리를 하듯이 안전도 경영의 일부라는 인식하에 안전 목표 달성을 위해 산업재해 예방 시스템 등을 갖추는 활동을 해야 한다.

산업재해 예방 시스템의 대표적인 예는 안전보건경영시스템(Safety and Health Management System)으로, 사업주가 기업 경영 방침에 안전보건정책을 반영하고 이에 대한 세부 실행지침과 기준을 규정함으로써 모든 근로자가 이를 실천하도록 하며, 경영자가 주기적으로 안전보건경영계획에 대한 실행 결과를 자체 평가해서 지속적으로 개선해 나가도록 하는 체계다.

다시 말해 사업주는 자율적으로 자사의 산업재해를 예방하기

그림 1-02 : 안전 + 경영

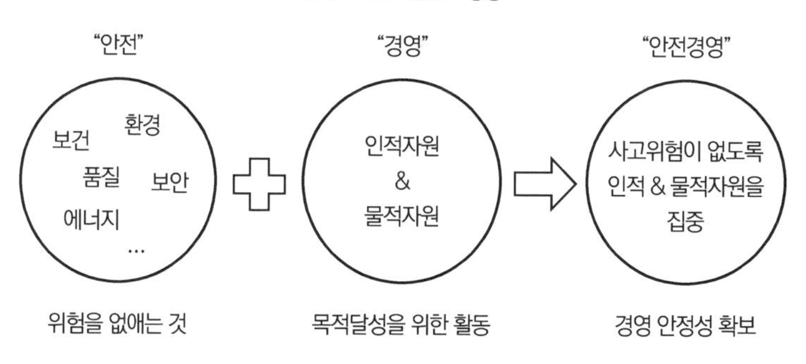

위해 안전보건체계를 구축하고 정기적으로 유해위험 정도를 자체 평가하여 유해위험 정도에 따라 예방투자 순위를 결정하는 등 산업재해예방을 위한 조치사항을 체계적으로 관리하여야 한다.

Σ 근로자의 안전욕구 = 기업의 안전경영

안전경영의 주체인 근로자와 이들의 집합체인 기업의 관점에서 각각 어떤 의미를 갖는지 생각해 보자.

매슬로우의 5단계 욕구 중 가장 기본적인 1단계 생리적 욕구 다음이 2단계 안전의 욕구이다. 근로자 개인은 근로 활동뿐만 아니라 일상적인 삶을 살아가는 데도 정도의 차이는 있지만 대부분 개인의 안전을 확보하기 위해 노력한다. 예를 들어, COVID-19 상황이 진정됨에 따라 마스크 착용 정책이 해제되었음에도 거리에서 마스

그림 1-03 : 매슬로우의 5단계 욕구

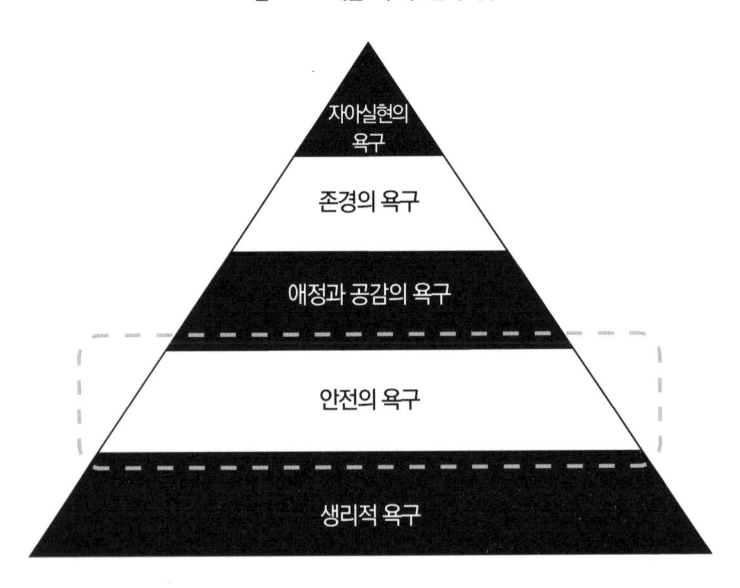

크를 착용한 사람들을 쉽게 볼 수 있다. 또, 자동차나 항공기 탑승 시 무의식적으로 안전벨트를 착용한다든지, 식제품의 유통기한을 확인하는 등 근본적으로 신체적 · 정신적 안전을 확보하려는 욕구가 있다.

기업 또한 기업의 재산과 기업이미지 등을 사고로부터 보호하기 위해 안전경영활동에 대한 욕구가 있다. 과거 미국 US Steels사의 사훈은 '생산제일, 품질제이, 안전제삼'이었으나, 1906년 한 경영자에 의해 '안전제일, 품질제이, 생산제삼'으로 바뀌었다고 한다. 그만큼 안전의 중요성을 강조한 것으로 품질이나 생산보다 안전을 우선시하는 기업이 많아지고 있다.

최근에는 제품이나 서비스 설계 단계부터 안전을 고려하며, 근로자뿐만 아니라 불특정 사용자나 대중의 안전까지도 고려 대상이 된다. 즉, 근로자를 포함한 제품이나 서비스 사용자의 안전욕구를 충족함으로써 기업의 안전경영 목적 또한 달성할 수 있다.

기업은 근로자 개인들의 집합체이므로 모든 근로자의 안전욕구 목적이 달성된다면 자연스럽게 기업의 안전경영 목적도 달성될 수 있다고 본다.

그러나, 아무리 기업의 안전경영 의지와 역량이 높아도 개인의 안전욕구가 부족하거나, 반대로 아무리 개인의 안전욕구가 강해도 기업의 안전경영 의지와 역량이 부족하다면 제대로 된 안전경영활동은 불가능함을 명심하자. 이것은 근로자 개인들의 안전욕구 합이 기업의 안전경영과 같기 때문이다.

2) 안전경영의 목적 [Why]

Safety First!

주변에서 '안전제일', 'Safety First'라는 문구를 쉽게 찾아볼 수 있다. 앞서 설명한 US Steels의 사훈에서 비롯된 용어인데, 단순히 구호로 그칠 것이 아니라 실행으로 옮기는 것이 중요하다.

안전경영을 등한시하거나 경영 관점에서 안전을 고려하지 않아 회사 전체적으로 영향을 끼친 사례는 주변에서 쉽게 찾아볼 수 있다. 중대재해처벌법 적용 1호 대상인 '삼표산업 붕괴사고'는 전 국민의 관심을 집중시켰고, 기업의 이미지 실추는 물론이거니와 기업의 경영환경에도 큰 영향을 준 것만은 사실이다.

안전사고로 인해 한 개 기업을 넘어 그룹 전체가 파산한 사례도 있다. 우리나라 국민이라면 누구나 한 번쯤은 들어보았을 삼풍백화점 붕괴사고가 대표적인 예라 할 수 있다. 과거 삼풍그룹은 삼풍백화점, 삼풍아파트 등 부동산 사업으로 크게 성공했으며, 당시 삼풍백화점은 국내 제일의 초호화 백화점이었다. 그러나, 1995년 부실시공 및 불법 증축공사로 인한 붕괴사고로 피해 규모(사망 501명, 실종 6명, 부상 937명) 측면에서 세계 건물 붕괴사고 10번째라는 오명과 함께 삼풍그룹은 역사 속으로 사라졌다.

동아건설 또한 1970년대 후반부터 1980년대에 이르기까지 중동에서 대규모 공사를 성공적으로 수행하며 대형 건설사로 입지를 다졌으나, 1994년 성수대교 붕괴사고로 등록말소된 이후 1997년 IMF 구조조정을 거쳐 끝내 파산하였다.

이처럼 안전사고는 개인의 생명과 재산에 큰 영향을 미치기도 하지만, 이와 더불어 기업의 존폐에도 막대한 영향을 미친다. 따라서, 생산이나 품질 등 기업경영에 중요한 여러 사안 중 안전이야말로 가장 중요하다 할 수 있겠다.

물 들어왔을 때 노 젓자!

'물 들어왔을 때 노 저어라'라는 말이 있다. 이 표현을 안전경영 관점에서 생각해 보면, '물'은 안전경영에 대한 사회적 관심으로, '들어왔다'는 안전경영을 위한 투자와 지원으로, '노 저어라'는 강한 실행력으로 해석해 볼 수 있다.

중대재해처벌법 시행에 따라 안전경영이 사회 전반적으로 이슈가 된 분위기에 편승하여 대다수 기업이나 조직에서도 어느 정도

공감대 형성과 달라진 분위기를 체감할 수 있을 것이다. 이러한 상황에서 단순히 처벌을 피하기 위한 활동이 아닌 근로자 개인의 안전욕구를 해소해 주고, 기업의 지속가능성을 확보하려는 강한 실행력이 필요한 시점이다. 기회는 자주 오지 않는다. 분위기 탔을 때 진도를 나가야 짧은 시간 안에 기업 또는 조직의 안전경영 수준을 효과적으로 향상시킬 수 있다.

그동안 큰 사건 사고가 있을 때마다 안전에 대한 반성과 필요성이 대두되었지만 어느 순간 다른 여러 이유로 뒷전으로 밀려나기 일쑤였다. 중대재해처벌법 시행이라는 기회를 발판 삼아 기업 또는 조직의 안전경영 수준을 한 단계 높이고, 나아가 우리나라의 안전경영 수준 또한 높이는 기회가 되도록 힘차게 노 저어 보자. 이제 안전경영은 '선택'이 아닌 '필수'다.

3) 안전경영의 실행 [How]

예방과 대응

안전경영활동은 크게 예방과 대응 두 가지 활동으로 나누어 실행할 수 있다. 예방활동은 안전사고가 발생하지 않도록 평상시 철저한 관리 차원에서의 활동으로 사고의 빈도를 줄이는 활동인 데 반해, 대응활동은 예방활동에도 불구하고 사고가 발생하였을 때 피해를 최소화하기 위한 활동으로 평상시 교육훈련 등을 통해 사고의 강도를 줄이는 활동이다.

그림 1-04 : 예방과 대응

구분	예방	대응
목적	사고빈도 감소 (사고발생 최소화)	사고강도 감소 (사고피해 최소화)
활동	규정/체계 수립, 유해위험요소 제거 등	비상대응 시나리오, 교육훈련 등
설비	방호덮개 등	소화설비 등
시점	평상시(사고발생 전)	유사시(사고발생 후)
개념 이미지	사고 사고 사고	사고

예방활동은 각종 진단 · 점검 또는 위험성 평가 등을 통하여 발생 가능한 안전사고의 원인을 파악하고, 이를 적절히 개선함으로써 유해위험요소를 제거하는 활동이다. 안전경영 관점에서 예방활동이 대응활동에 앞서 검토되어야 하며, 이를 위해서는 경영층의 의지를 비롯하여 제도적 시스템과 각종 안전인프라 구축 등이 필요하다. 따라서 예방활동이 대응활동에 비해 비용이 많이 들 수 있다.

아무리 예방활동을 잘 수행했다 하더라도 사고는 발생할 수 있다. 즉, 예방활동을 통해 사고발생 확률은 최소화할 수 있지만 완벽히 제로로 만들기는 어렵다. 다른 사고에 의해 2차 사고로 연계되거나, 자연현상에 의한 통제불가의 재해 등이 발생할 수 있으므로 이에 대한 대응활동이 필요한 것이다.

대응활동은 사고대응 매뉴얼 등을 수립하여 평상시 교육훈련을 통해 즉각적이고 효과적인 대응이 되도록 준비하는 것이 중요하다. 또한 교육훈련 중 확인되는 개선사항을 지속적으로 보완함으로써 보다 완벽한 대응이 될 수 있는 수준을 확보해야 하겠다.

좌측통행 vs. 우측통행

인류는 과학기술의 발전을 바탕으로 다양한 산업 분야의 육성을 통해 삶의 수준을 향상해 왔다. 그러나, 이러한 향상과 더불어 사고위험 요인 또한 기하급수적으로 증가했는데, 이러한 다양성의 시대에는 일률적이고 정형화된 안전관리로는 사고위험을 제거할 수 없다. 즉, 시대의 흐름에 맞게 안전경영을 실행하는 방법도 유연하게 변화해야 한다는 것이다.

일본 역사를 보면 사무라이 시대가 있다. 이 시대에 사무라이는 오른손으로 칼을 뽑아야 하므로 칼을 대부분 왼쪽 허리에 찼는데, 칼을 찬 무사들이 좁은 골목길에서 우측통행을 하다가 칼자루가 부딪치면 싸움으로 번지는 경우가 발생했다고 한다. 이렇게 큰 싸

그림 1-05 : 우측통행? 좌측통행?

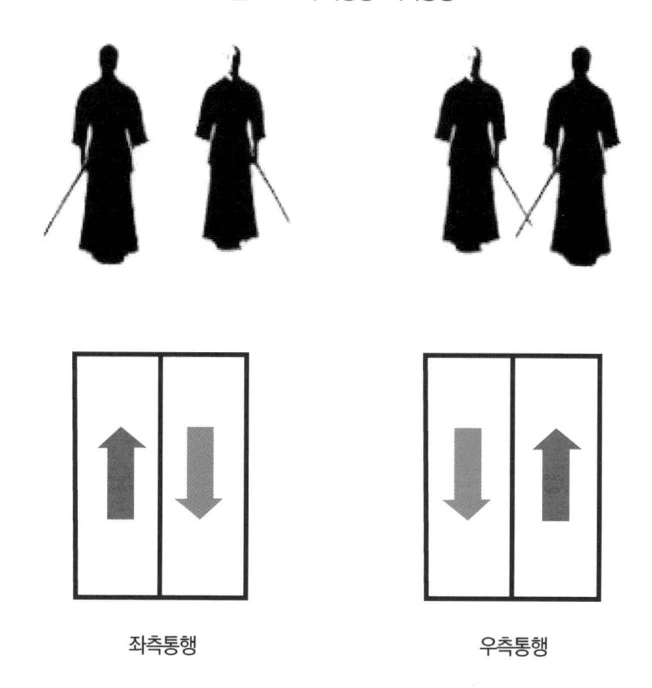

움으로 번지는 것을 막기 위해 사무라이의 규칙인 좌측통행이 생겨났다는 이야기가 있다.

이유가 어찌 됐든 우리나라는 일제 강점기를 거치며 좌측통행이 일반적이었지만, 해방 후 미 군정기에 우측통행이 도입되었다. 다만 차량에만 적용되고 사람은 그대로 좌측통행을 해오다가 비교적 최근인 2010년 이후에 보행자에게도 우측통행이 적용되었다고 한다.

사무라이 통행방식 외에도 여러 가설이 있는데, 오른손잡이 인구가 왼손잡이보다 많기 때문에 보행자 간 안전과 편의를 위해서는 우측통행이 편하다. 즉, 오른손잡이가 오른손으로 짐을 들고 다니므로 좌측통행 시에는 짐끼리 부딪힐 수 있기 때문이다. 사무라이 통행방식과는 반대 개념이지만, 이 또한 시간적 · 공간적 상황이 만들어낸 안전과 편의에 따른 결과라 할 수 있겠다.

그럼 좌측통행이 맞는 것일까? 우측통행이 맞는 것일까? 정답은 정해진 것이 아니라 시간적 · 공간적으로 사회 상황이 변화하므로, 그에 따라 사회적 약속이나 기준 또한 자연스럽게 달라진다고 생각한다. 다시 말해 안전경영은 시간적 · 공간적 사회 상황의 변화에 맞추어 자연스럽고 유연하게 실행하여야 한다.

2.

현 수준 파악하기

1) Measure의 중요성

지피지기면 백전불퇴!

미국의 유명한 경영학자이자 현대경영학을 창시한 학자로 평가받고 있는 피터 드러커(Peter F. Drucker; 1909~2005)는 '측정할 수 없으면 관리할 수 없다(If you can't measure it, you can't manage it)', '측정할 수 없으면 개선할 수 없다(If you can't measure it, you can't improve it)'라고 했다. 그만큼 측정(Measure)의 중요성을 강조한 것으로 모든 개선 활동 및 경영관리를 위한 기본 요소라 할 수 있다.

2000년대 초반, 해외뿐만 아니라 국내 공기업과 대기업을 중심으로 6시그마 활동이 유행했었다. 통계적 품질관리기법인 6시그마 활동의 방법론으로 DMAIC가 사용되었는데 이는 각 활동 단계인 Define, Measure, Analyze, Improve, Control을 의미한다.

이 중 Measure 단계는 기업의 현 수준을 최대한 객관화하고 정량화하는 활동으로 기업활동에 있어서 무엇보다 중요하다. 이는 앞서 설명한 바와 같이, 수준 측정을 통해 적절한 목표와 전략 수립이 가능하기 때문이다.

이러한 측정의 중요성은 품질경영뿐만 아니라 안전경영에도 예외가 아니다. 기업이 보유한 안전역량과 안전활동 수준을 파악하여 이를 바탕으로 안전경영 목표와 전략, 세부 실행계획 등을 수립해야 한다. 현 수준을 고려하지 않은 현실과 동떨어진 목표와 계획은 실행에 어려움을 겪을 것이고, 결국에는 실패할 것이기 때문이다.

현 수준을 파악하기 위해서는 다양한 방법이 사용될 수 있다. 소비자(Customer) · 경쟁사(Competitor) · 자사(Company)의 관점에서 분석하는 3C분석이나, 강점(Strength)을 활용하고 약점(Weakness)을 최소화하거나 제거하고 기회(Opportunity)를 잡고 위협(Threat)을 회피하기 위한 SWOT분석 등이 대표적이다.

그림 1-06 : 3C분석 & SWOT분석

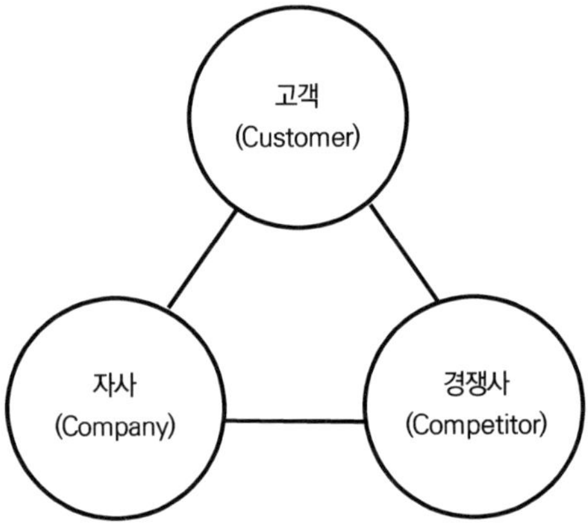

3C 분석

	이로움(Helpful)	해로움(Harmful)
내부(Internal)	Strengths 강점	Weaknesses 약점
외부(External)	Opportunities 기회	Threats 위협

SWOT 분석

이 외에도 안전경영에서 일반적으로 활용하는 위험성 평가와 각종 점검 및 진단 등을 통해 현재의 안전수준을 객관화하고 정량화해 보자.

뭣이 중한디?

〈곡성〉이라는 영화를 본 사람이라면 익숙한 대사일 것이다. 앞서 설명한 여러 기법을 통해 안전 현황을 파악하였다면 그 결과를 바탕으로 뭐가 중요한지, 즉 시사하는 바가 무엇인지를 정확히 파악해야 한다. 편향성을 갖고 현황 파악을 했거나 결과해석에 오류가 있다면 '배가 산으로 가는' 상황이 생길 수도 있다.

안전사고분석뿐만 아니라 여러 분야에서도 많이 사용되는 '빈도와 강도'를 고려하여 중요도를 평가할 수 있다. 먼저 빈도와 강도를 X와 Y축으로 하고, 그 정도를 고려하여 크게 네 가지 영역으로 구분한다. 여기서 빈도는 기업이나 조직에서 발생하는 사고건수(율)를, 강도는 사고가 발생하였을 때 회사경영에 미치는 영향력(피해 정도)을 나타낼 수 있다.

이러한 분류는 그림에서 보는 바와 같이, 네 가지 각 영역으로 구분하여 우선순위를 결정(① 〉② 〉③ 〉④)하고, 각각에 대한 세부 활동 계획을 수립하기에 용이하다.

그림 1-07 : 2 by 2 Matrix

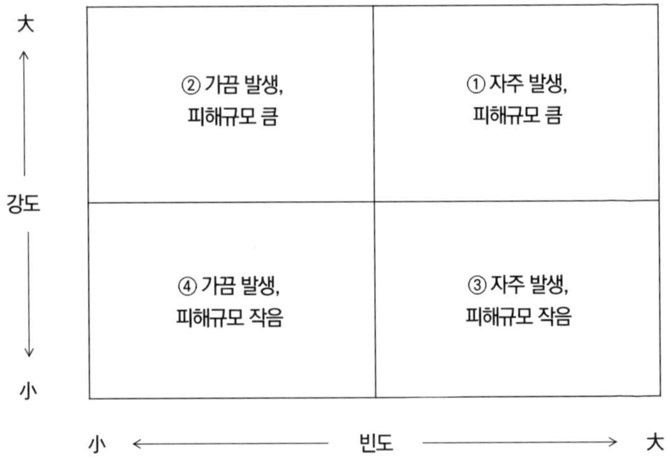

강도 (小 ↔ 大) \ 빈도 (小 ↔ 大)	小	大
大	② 가끔 발생, 피해규모 큼	① 자주 발생, 피해규모 큼
小	④ 가끔 발생, 피해규모 작음	③ 자주 발생, 피해규모 작음

빈도와 강도 이외에도 다른 항목을 적용하여 분석할 수 있는데, 빈도 대신 개선의 시급성을, 강도 대신 개선의 용이성으로 나타낼 수도 있다. 또한 뒤에서 설명할 요구수준과 활동수준을 X와 Y축으로 적용하여 현황을 파악할 수도 있다.

2) 요구수준과 활동수준

허들 뛰어넘기

기업을 경영하는 데 있어서 해당 사업영역에서 요구되는 안전과 관련된 법규 · 기준 등이 높거나 낮을 수 있다. 다른 한편으로는 그 기업이 보유한 안전경영 수준이 높거나 낮을 수도 있다. 이처럼 준수해야 하는 법규 · 기준 등을 요구수준이라 하고, 안전경영 수준을 활동수준이라 할 수 있는데 요구수준이 외부로부터의 강제성이라면, 활동수준은 내부로부터의 자발성이라 할 수 있다.

원자력, 중화학공업 등과 같이 취급하는 물질의 위험성이 높거나 제조공정이 복잡하고 많은 기계설비를 사용한다면 법규 등을 통해 강제되는 요구수준은 매우 높을 것이다.

다른 한편으로, 서비스업과 같이 기업의 기본적인 안전역량이 상대적으로 낮은 경우(예를 들어, 상시 근로자 대비 안전 전담조직 인력이 부족하거나 전문성을 보유하지 못한 경우, 안전관리체계가 부실하거나 지켜지지 않는 경우, 안전설비 등 물리적 인프라가 부족하거나 갖춰지지 않은 경우 등)는 활동수준이 매우 낮을 것이다.

그림 1-08 : 허들 뛰어넘기

안전경영 측면에서는 요구수준 대비 활동수준이 높은 경우가 이상적이라 생각한다. 따라서 요구수준 대비 활동수준이 낮다면, 요구수준이 낮은 사업영역으로 전환하지 않는 한 경영층을 비롯한 전체 임직원의 부단한 노력을 통해 요구수준 대비 활동수준을 높여야 한다.

최소량의 법칙

독일의 화학자 유스투스 리비히(J. F. Liebig; 1803~1873)는 필수 영양소 중 식물의 성장을 좌우하는 것은 넘치는 요소가 아니라 가장 부족한 요소라는 '최소량의 법칙'을 발표하였다. 즉, 어느 특정 성분이 부족하다면 다른 것이 아무리 많이 들어 있어도 식물은 제대로 자랄 수 없다는 것으로 필요량에 비해 가장 낮게 공급되는 물질에 의해 성장이 제한된다는 이론이다.

리비히는 이 법칙을 '통'에 비유해서 설명하였다. 옛날에는 통을 만들 때 기다란 나뭇조각을 이어서 만들었는데 통을 이루는 하나하나의 나뭇조각이 식물 성장에 필요한 요소들이고, 통에 채워지는 물이 생산량이라고 할 때 통에 물을 채우면 가장 짧은 나뭇조각이 높이에서 물이 새게 되고 결국 생산량은 그 짧은 나뭇조각으로 결정된다는 것이다.

그림 1-09 : 최소량의 법칙

이것을 안전경영 관점으로 대입하면, 전체 물의 양은 요구수준으로, 물통의 가장 낮은 나무판 높이는 활동수준으로 비유할 수 있다. 요구수준이 높은데 활동수준이 낮다면 물은 넘쳐 안전이 담보되지 않고, 반대로 요구수준 대비 활동수준이 높다면 물은 안전하게 담겨 있을 수 있다.

기업의 여러 안전경영활동 중 높이가 가장 낮은 나무판이 어떤 분야인지 먼저 파악하여 높이를 올리는 활동이 필요하다. 또는 여러 사업장을 운영하거나 사업 분야가 다양한 기업인 경우, 가장 취약한 사업장 또는 사업 분야가 그 기업의 활동수준이 되므로 이들 사업장이나 사업 분야의 수준을 높이는 활동이 필요하다.

3) 수준파악 Assessment

일반적인 수준평가 기법

막연히 우리 기업의 안전경영 수준이 높거나 낮다는 평가를 내렸다면 어떤 근거나 기준에 의한 것인가? 또 어떤 평가방법에 따른 것인가?

기업이 속한 사업영역이나 규모 등을 고려하여 여러 평가기법을 통해 안전경영 수준을 평가해 볼 수 있겠다. 일반적으로는 ISO, KOSHA 인증평가 등이 있으며, 안전수준이 높은 기업들은 자체 개발한 평가기법을 통해 자사의 수준을 평가하고 관리하고 있다.

정량적인 안전수준은 한 기업의 사업장 간 또는 동일 산업 분야의 다른 기업과 비교하여 어떤 위치에 있는지를 판단하고 관리 목표 설정을 위한 지표로도 활용된다. 가장 일반적으로 사용되는 지표는 도수율, 강도율 등이 있으나 이는 기업 안전경영 전반을 대변하기에는 부족하므로 기계설비의 안전성, 작업공정의 안전성, 임직원(경영자 및 근로자)의 안전의식 등을 종합하여 평가해야 한다.

예로써 2021년부터 도입된 공공기관 안전관리 등급제도를 들 수 있다. 공공기관의 안전의식 제고 및 안전문화 정착을 유도하여

그림 1-10 : 공공기관 안전등급제 & ISO

중대사고 감소에 기여하고 안전관리에 관한 체계적인 기준제시 및 진단을 통해 실질적인 안전수준 향상에 기여하고자 도입된 평가제도로, 안전역량 · 안전수준 · 안전성과를 평가하여 총 5개 등급으로 부여된다. 평가제도의 빠른 정착을 통해 도입 목적이 조기에 달성되기를 기대해 본다.

간이 수준평가 해보기

앞서 설명한 평가기법들을 수행하려면 시간과 비용 등이 많이 소요된다. 시간적 · 비용적 부담이 된다면 다음 평가표를 통해 대략적인 수준평가용으로 활용해 보기를 바란다. 다만, 시간과 비용이 가용하다면 외부 컨설팅 회사나 우수 기업들의 평가기법을 활용할 것을 추천한다.

표 1-01 : 간이 안전수준 평가표

No.	질문	평가
1	우리 기업(조직)은 다음 중 어느 산업군에 속하는가? (최대한 유사한 산업군 선택) 가. 원자력, 항공/우주산업 나. 제조업(중화학공업), 건설/토목업 다. 제조업(기계/전기전자), 물류/유통업 라. 제조업(기타) 마. 서비스업	
2	다음 중 우리 기업(조식)에서 실행하고 있는 항목의 갯수는? [안전보건방침 수립 및 게시, 안전경영 목표수립 및 관리, 안전경영 전담조직(또는 전담자) 구축, 안전경영 예산 편성 및 관리, 위험성평가, 안전보건 정기교육, 연중 소방훈련, 산업안전보건위원회, 안전보건협의체, 정기적 안전문화 활동] 가. 8개 이상 나. 6개~7개 다. 4개~5개 라. 2개~3개 마. 1개 이하	
3	우리 기업(조직)의 상시근로자 수(협력직 포함)는 어느 정도인가? 가. 1,000명 이상 나. 300~1,000명 미만 다. 50~300명 미만 라. 5~50명 미만 마. 5명 미만	
4	우리 기업(조직)의 법적 선임현황은? (안전관리자/보건관리자/소방안전관리자 등) 가. 전체 선임 대상자를 전담근무자로 선임 나. 전체 선임 대상 중 일부만 전담근무자로 선임 다. 전체 선임 대상자를 겸임근무자로 선임 (중복선임 등) 라. 외부 기관 위탁 선임 마. 법적 미선임 중	
5	우리 기업(조직)의 국내 사업장 수는? (영업점, 기업부설연구소 등 포함) 가. 5개소 이상 나. 4개소 다. 3개소 라. 2개소 마. 1개소	

No.	질문	평가
6	다음 중 우리 기업(조직)에서 제정하여 준수 중인 기준의 갯수는? (유사한 기준에 포함) [안전보건관리규정, 사전안전성평가(위험성평가), 폐기물처리기준, 협력업체 안전보건평가규정, 사고대응절차서(사고조사절차서), 작업허가절차서, 법규등록 및 준수절차서, 안전보호구관리지침서] 가. 6개 이상　나. 5개　다. 3개~4개　라. 2개　마. 1개 이하	
7	우리 기업(조직)의 사업장은 소방안전관리대상물 몇 급에 해당하는가? 가. 특급　나. 1급　다. 2급　라. 3급　마. 해당 없음	
8	우리 기업(조직)에서 사용 중인 안전경영관련 시스템(H/W, S/W) 갯수는? [안전경영 IT System, 비상대응상황실 운영, 개인별 보호장구류, 안전경영 교육실습실, 건강증진프로그램] 가. 4개 이상　나. 3개　다. 2개　라. 1개　마. 0개	
9	다음 중 우리 기업(조직)에서 설치/운영 중인 설비는? (중복 시 상위설비) 가. 위험물제조소 등의 설치시설 나. 고압가스, 환경오염 방지시설 다. 안전인증대상설비 라. 자율안전확인대상설비 마. 상기 설비 미설치	
10	우리 기업(조직) 경영책임자의 안전경영 활동 의지를 점수화한다면? 가. 모든 경영활동의 최우선으로 생각하며 강조한다. 나. 안전경영의 중요성을 강조하고 경영에 반영하려고 노력한다. 다. 안전경영의 중요성을 인식하고는 있지만 실행력은 부족하다. 라. 사고발생, 행정처분 등의 지적 발생 시에만 관심을 갖는다. 마. 안전경영에 대한 의지가 전혀 없다.	

가 : 4점, 나 : 3점, 다 : 2점, 라 : 1점, 마 : 0점
홀수 문항 점수 합계 : 요구수준 / 짝수 문항 점수 합계 : 활동수준

간이 안전수준 평가 후 홀수 항목의 점수 합계는 위험도(요구수준), 짝수 항목의 점수 합계는 활동도(활동수준)로 구분하여 앞서 설명한 2X2 그래프에서 어느 사분위에 속하는지 확인하여 보자.

그림 1-11 : 요구수준 vs. 활동수준

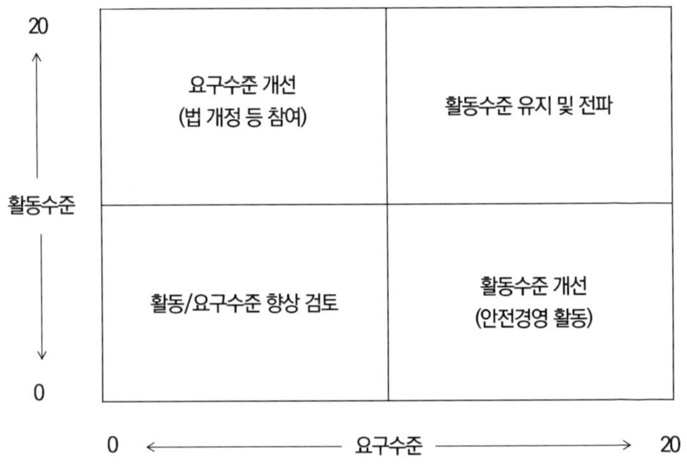

활동수준 (0 ↔ 20)	요구수준 0	요구수준 20
20	요구수준 개선 (법 개정 등 참여)	활동수준 유지 및 전파
0	활동/요구수준 향상 검토	활동수준 개선 (안전경영 활동)

0 ← 요구수준 → 20

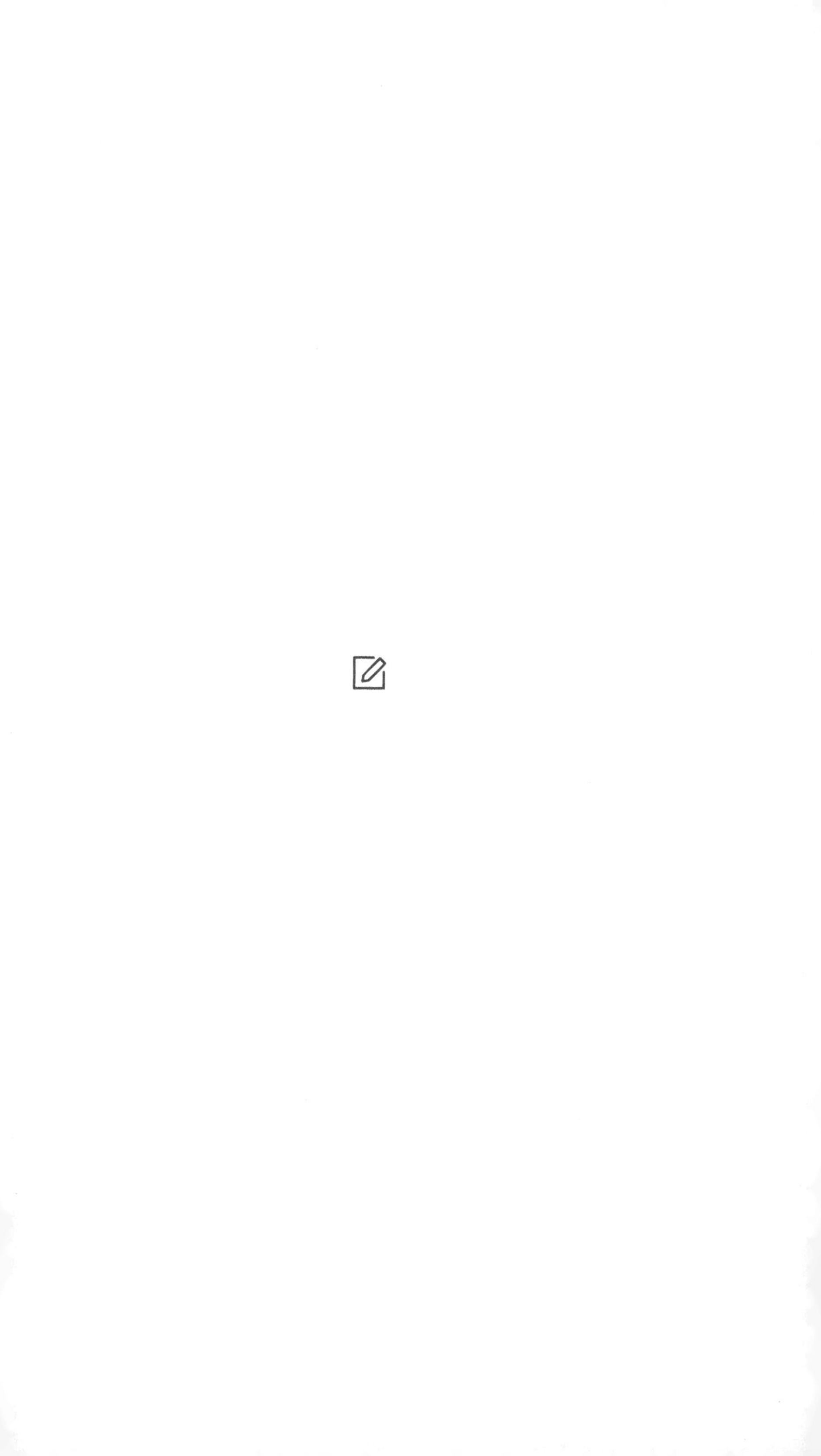

3.

목표 수립하기

1) 방향성과 전략 수립

밑그림 그리기

세부적인 목표와 활동 계획을 수립하기에 앞서 전반적인 방향성과 전략 수립을 선행해야 한다. 즉, 그림을 그리기 위해 전체적인 구도를 잡고 밑그림을 그리는 것에 비유할 수 있겠다. 이러한 체계적인 준비 없이 당장 앞에 산적한 이슈만을 해결하기 급급하다 보면 안전경영은 긍정적인 개선 없이 항상 제자리걸음에 멈출 것이다.

이러한 방향성 및 전략 수립 등의 선행활동이 다소 막연하다면 다른 우수 기업들의 성공 사례를 벤치마킹해 볼 필요가 있다. 여러 우수 사례를 살펴보다 보면 우리 기업에 즉시 적용 가능하거나 조금 변경해서 적용해 봄 직한 사례들은 물론이거니와 어떻게 안전관리 우수기업이 되었는지, 오랜 시간 동안 어떠한 지향점 아래 활동해 왔는지를 확인할 수 있다. 물론 벤치마킹을 하다 보면 실패사례도 접할 수 있는데 이러한 사례들도 참고하다 보면 시행착오를 줄일 수도 있다.

벤치마킹 대상을 선정할 때는 동종 산업군이거나 유사한 비즈니스 기업을 택하는 것이 유리하며, 벤치마킹 전에 질문지 등을

그림 1-12 : 벤치마킹 절차

작성하여 확인이 필요한 사항을 사전에 정리하고 임하는 것이 효율적이다. 이러한 벤치마킹의 절차는 뒤에서 설명할 환류시스템(PDCA Cycle)과 유사한 P → F → C → A → I의 단계를 거친다.

또한 가능하다면 벤치마킹과 더불어 외부자문이나 컨설팅을 병행하면 더 좋은 결과를 얻을 수 있다.

방향성과 전략 수립이 잘못되어 본격적인 안전경영활동 진행 중간에 밑그림을 수정하는 일이 없도록 처음부터 벤치마킹, 외부자문, 컨설팅 등 다양한 방식으로 충분한 검토를 통해 시행착오를 줄일 수 있도록 하자.

모두의 공감

안전경영 방침 · 비전 · 목표와 같은 전반적인 방향성은 경영책임자가 수립하고, 세부실행계획 · KPI수립과 같은 전략은 안전경영 전담조직에서, 나머지 실행력은 근로자 개인의 몫이라 생각할 수 있다. 틀린 말은 아니지만 전체 구성원의 공감 없이 경영책임자 독단에 의한 방향성이나, 현장을 고려하지 않은 전담조직의 전략 수립은 자칫 실패할 가능성이 있다.

경영책임자는 비전 · 목표와 같이 지향점이나 방향성을 수립하는 과정에서 근로자의 목소리를 듣고 반영하며, 안전경영 전담조직은 현장의 환경과 상황을 고려하여 전략을 수립한다면 보다 원활한 안전경영활동이 진행될 수 있을 것이다. 즉, 목표의 구체화에는 근로자들의 공감대 형성이 매우 중요하다.

이러한 공감을 얻기 위한 방법으로 전 임직원이 참여한 워크숍이나 공유회, 설명회 등의 소통을 통해 계층 간 공감을 이끌어 내야 한다. 특히, 기업의 규모가 작을수록 전체 인원이 참여할 수 있는 방법을 검토해 보자.

이렇게 수립된 내용을 안전보건 경영방침으로 정리하여 게시해 보도록 하자. 사업장의 사무실이나 휴게실 등 근로자가 보기 쉬운 장소에 게시하거나, 규모가 큰 기업일수록 IT 시스템을 자주 활용하므로 기업 인트라넷이나 스마트 앱 등에 게시하는 방법도 한번 검토해 보도록 하자.

그림 1-13 : 안전보건 경영방침(예시)

안전보건경영방침

○○기업은 경영활동 전반에 전 사원의 안전과 보건을 기업의 최우선 가치로 인식하고, 법규 및 기준을 준수하는 안전보건관리체계를 구축하여 전 직원이 안전하고 쾌적한 환경에서 근무할 수 있도록 최선을 다한다. 이를 위해 다음과 같은 안전보건활동을 통해 지속적으로 안전보건환경을 개선한다.

1. 경영책임자는 '근로자의 생명 보호'와 '안전한 작업환경 조성'을 기업 경영활동의 최우선 목표로 삼는다.
2. 경영책임자는 사업장에 안전보건관리체계를 구축하여 사업장의 위험 요인 제거/통제를 위한 충분한 인적/물적 자원을 제공한다.
3. 안전보건관리책임자는 안전보건 목표를 설정하고, 이를 달성하기 위한 세부적인 실행계획을 수립하여 이행한다.
4. 안전보건관리책임자는 안전보건 관계 법령 및 관련 규정을 준수하는 내부 규정을 수립하여 충실히 이행한다.
5. 관리감독자는 근로자의 참여를 통해 위험요인을 파악하고, 파악된 위험요인은 반드시 개선하고, 교육을 통해 공유한다.
6. 모든 구성원은 자신의 직무와 관련된 위험요인을 알고, 위험요인 제거/대체 및 통제기법에 관해 교육훈련을 받는다.
7. 모든 공급자와 계약자는 우리의 안전보건 방침과 안전 요구사항을 준수하도록 한다.
8. 모든 구성원은 안전보건활동에 대한 책임과 의무를 성실히 이행한다.

○○○○년 ○○월 ○○일

○○기업 대표이사(서명)

다만, 안전보건 경영방침은 최고 경영자가 바뀌거나 일정 기간이 경과한 후에는 재검토를 통해 수정할 필요가 있다. 목표 달성 여부는 연 2회 이상 평가해야 하며, 평가 결과는 차년도 목표 수립에 반영하는 환류시스템(PDCA Cycle)을 적용해 보자.

2) 과정지표와 결과지표

과정을 통한 결과, 결과를 위한 과정

현 수준 파악하기 단계에서 Measure의 중요성을 설명한 바 있는데 정량화된 현 수준이 도출되면 수치화된 목표를 수립하기가 쉽다. 다만, 목표는 과정과 결과를 동시에 고려하여야 한다. 단순히 '사고 Zero'와 같은 결과지표만을 고려한다면 사고를 은폐하거나 요행으로 목표를 달성하더라도 기업의 안전경영 역량은 향상되지 않을 것이다. 따라서 결과지표 달성을 위한 과정지표를, 과정지표 달성을 통한 결과지표를 동시에 고려해야 한다.

예를 들어, 과정지표는 안전예산 집행률이나 안전교육훈련 실행률과 같이 지속적으로 관리해야 할 지표로 선정하고, 정기적인 모니터링을 통해 측정해야 한다. 결과지표는 사고 건수나 산업재해율과 같이 일정 기간이 지난 후 달성 여부를 판단하여야 할 지표로 선정하고, 필요하다면 정기적인 모니터링을 통해 추이를 확인한다.

그림 1-14 : 과정지표와 결과지표

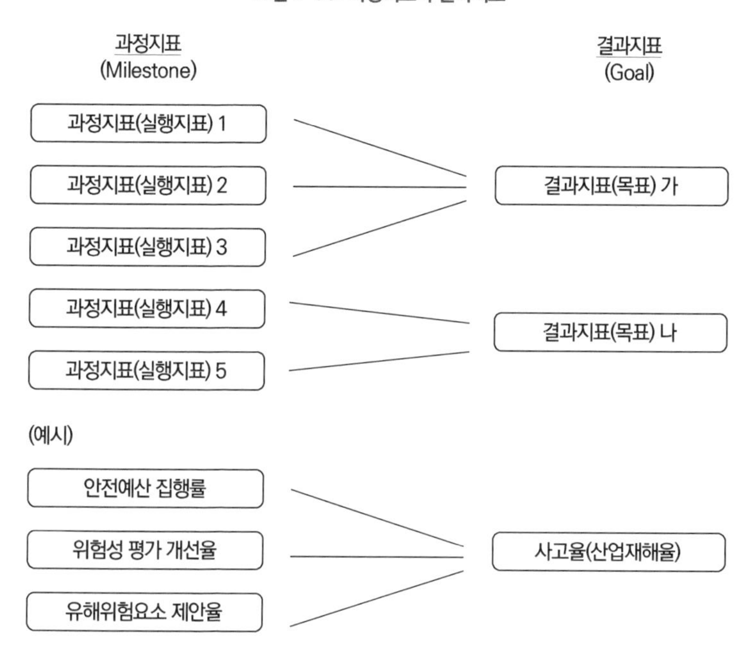

적합한 목표 설정을 위해서는 앞서 설명한 근로자들의 공감대 형성은 물론이거니와 SMART 원칙을 고려하여 평가해 보는 것이 좋다. SMART 원칙은 구체적이고(Specific), 측정 가능하고(Measurable), 성취 가능하고(Achievable), 관련되고(Relevant), 시간적 범위를 고려한(Time Bounded) 목표를 설정하는 것이다. 이러한 목표의 설정은 문제에 대한 명확한 인식과 그 문제를 극복할 조직의 능력 및 자원에 대하여 충분하게 이해하고 있을 때 가능하다.

Risk Hedging vs. Risk Taking

안전경영을 위한 목표 수립 과정에서 도출된 여러 과정지표와 결과지표 중 선택과 집중이 필요하다. 즉, Key Risk Factor를 선정하여 해결하고, 이 외의 Risk Factor는 해결하기 어렵다면 이를 관리하며 운영해 나가야 한다. 이는 제한된 자원으로 모든 Risk를 해결하기 어렵기 때문에 효율적인 안전경영을 위해서는 적정한 수준에서 해결(Hedging)과 관리(Taking)를 병행해야 함을 의미한다.

앞서 설명한 예방과 대응 관점에서 살펴보면 해결(Hedging)은 예방으로, 관리(Tacking)는 대응으로 표현할 수도 있다. 즉, 위험성 평가 등의 예방활동을 통해 Risk Hedging이 가능하고, 교육훈련 등의 대응활동을 통해 Risk Taking이 가능하다.

그림 1-15 : Risk Hedging vs. Risk Taking

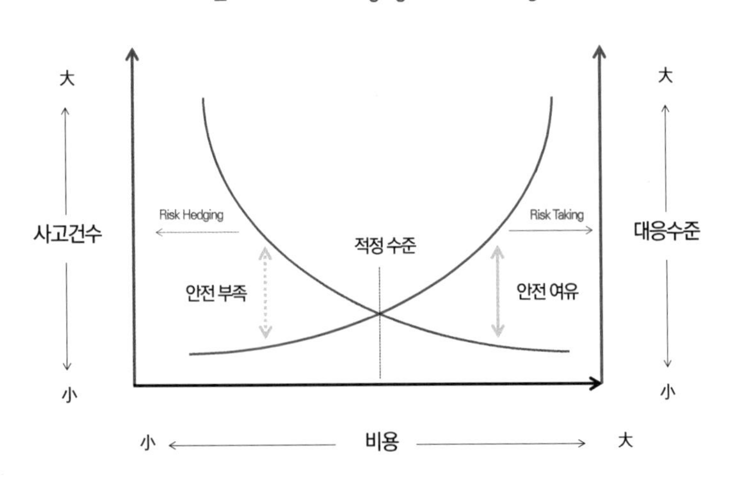

그래프에서 보는 바와 같이 Risk Hedging 측면에서 사고 건수를 줄이기 위해서는 안전설비투자 등의 비용이 증가한다. Risk Taking 측면에서도 사고 발생 시 대응수준을 높이기 위해서는 교육훈련 등의 비용이 증가한다.

많은 비용을 투입해 사고 건수를 줄이거나 대응수준을 높이는 것도 중요하지만, 기업의 경영상황을 고려하여 제한된 비용으로 최상의 안전경영 수준을 유지하기 위해서는 적정한 Risk Hedging과 Risk Taking 수준을 정하는 것이 중요하다.

즉, 경영상황에 여유가 있을 때에는 안전비용을 늘려 '안전여유'를 확보할 수 있지만, 경영환경에 여유가 없을 때는 안전비용이 부족하여 '안전부족' 상태가 될 것이다. 이러한 안전부족 상태에서는 해결(Hedging)보다는 관리(Taking)의 방법을 선택할 필요가 있는데, 이는 Risk Hedging을 위한 비용보다는 Risk Taking에 필요한 비용이 적게 소요되기 때문이다.

3) Master Plan 수립

Activity Plan

지금까지 설명한 현 수준 파악하기와 목표 수립하기를 수행하였다면 이를 종합하여 Master Plan을 세워야 한다. Master Plan은 가능한 한 상세하게 수립하는 것이 좋으나 뒤에서 설명할 Set-up 단계에서 여러 사항을 고려하여 다시 구체화할 필요가 있다. 또한 안전경영활동을 추진하면서 정기적으로 Master Plan에 대한 재검토 및 보완이 필요하다.

유용한 방법은 간트차트를 활용하는 방법이다. 간트차트는 일정한 시점에서의 계획과 실적을 한눈에 파악할 수 있는 장점이 있다. 실행계획을 행에, 시간(일/주/월 등)을 열에 작성한 후 시간에 따른 계획의 실적을 기입한다. 모든 활동 계획은 각 담당자를 지정하여 진행 사항 등을 관리하도록 하는 것이 좋겠다.

또한 다시 한번 강조하지만, Master Plan은 상황변화 등을 고려하여 반드시 일정 시점에 재검토해 보완할 것을 추천한다.

그림 1-16 : 간트차트(예시)

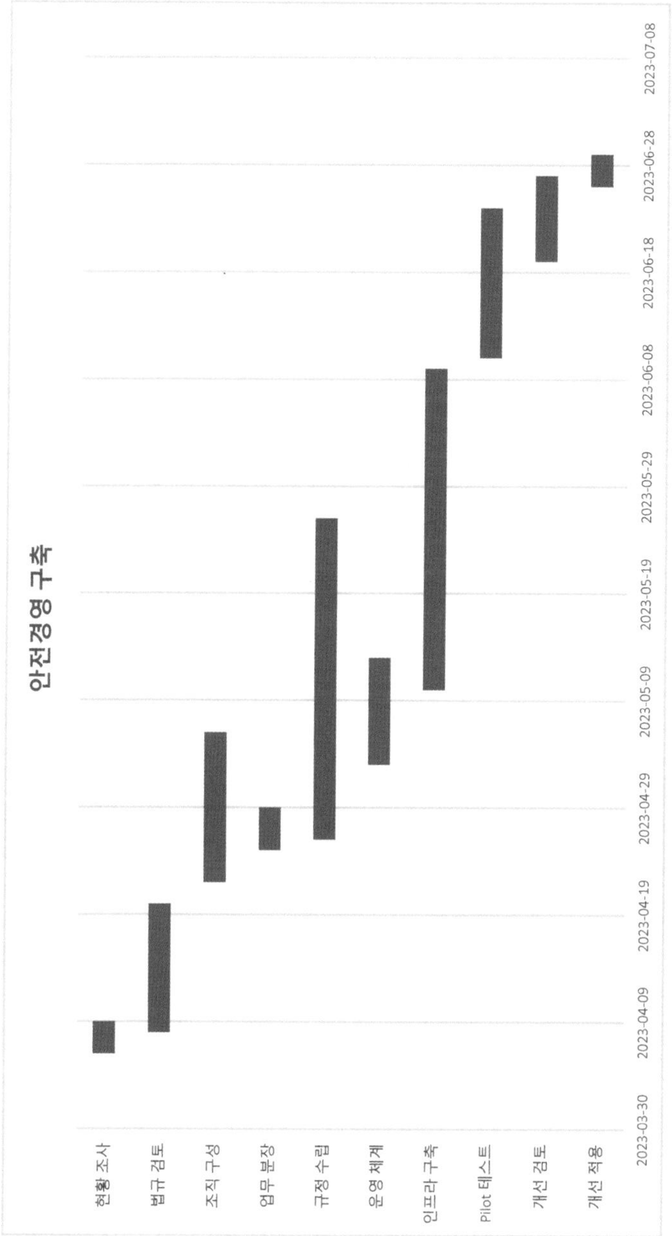

Monitoring Plan

목표에 대한 결과는 일회성으로 평가하지 않는다. 일정 시간 간격을 두고 진척률을 평가하거나 특정 수준을 목표로 두고 달성 여부를 평가한다. 즉, Milestone, Tollgate 관리 등의 방법으로 모니터링을 하는데, 목표 대비 달성 여부를 판단하여 전략을 수정하거나 실행계획을 보완하는 등의 조치가 필요하다. 모니터링은 환류시스템(PDCA Cycle)이 원활하게 작동하는 데 중요한 요소이기 때문이다.

그림 1-17 : 모니터링 계획(예시)

KPI	측정주기	측정방법	담당자	비고
안전예산 집행률	매월	회계 ERP 자료	홍길동	
위험성평가 개선율	매월	EHS System 자료	김이박	
유해위험요소 제안율	매월	EHS System 자료	김이박	
정기교육 이수율	매 분기	EHS System 자료	가나다	
…	주/월/분기	현장 일지	가나다	

이러한 Monitoring Plan은 Action Plan과 마찬가지로 일정 주기를 선정하여, 측정 방법을 수립하고, 담당자와 결과 조치 방법 등을 포함해야 한다.

다만, 모니터링을 위해 현장에 과도한 부담을 주어서는 안 되며, 전산시스템 등을 통한 모니터링으로 데이터의 신뢰성과 편의성을 고려한 계획을 수립하도록 한다.

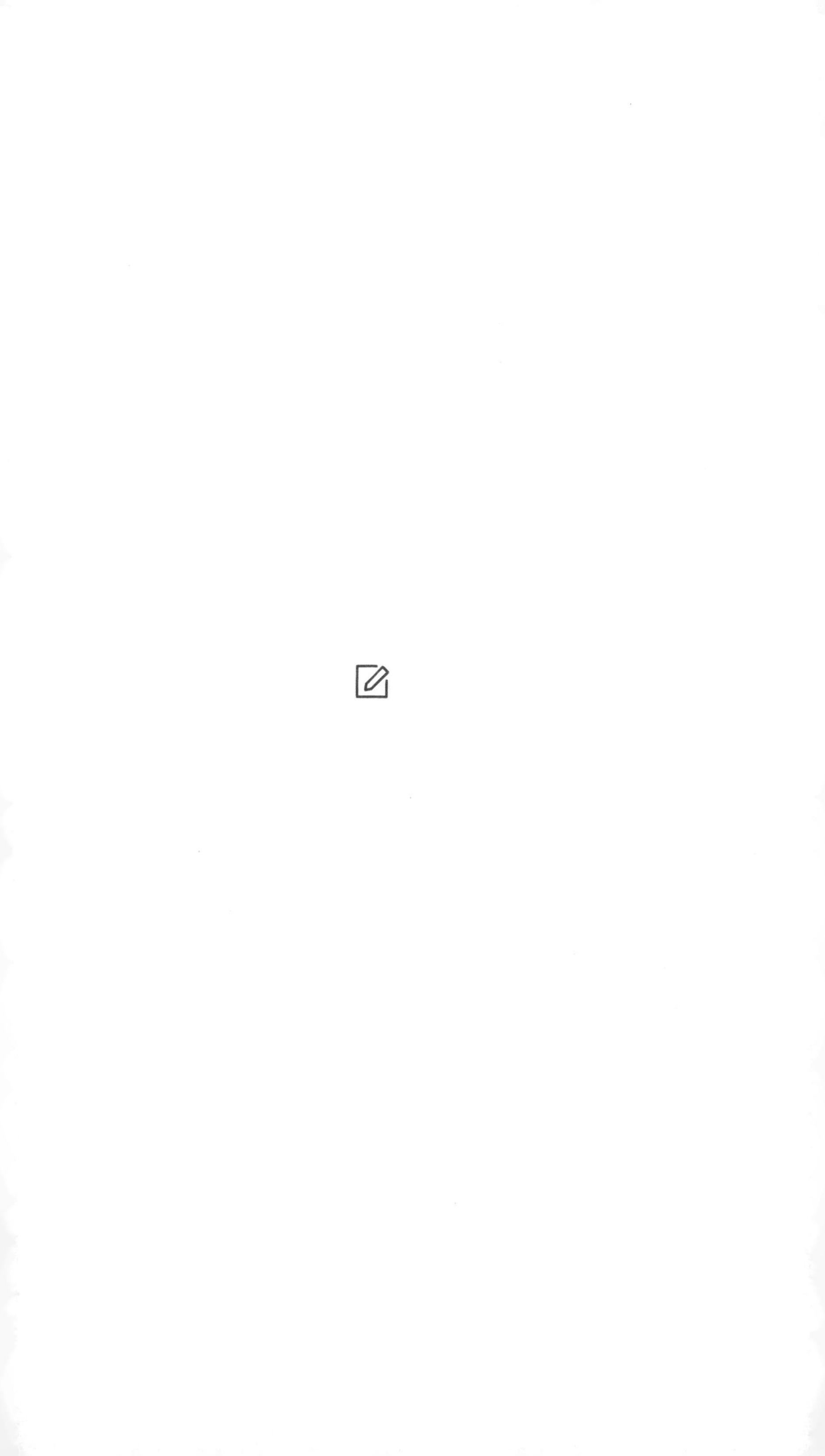

본격적으로 따라 하기

Section II

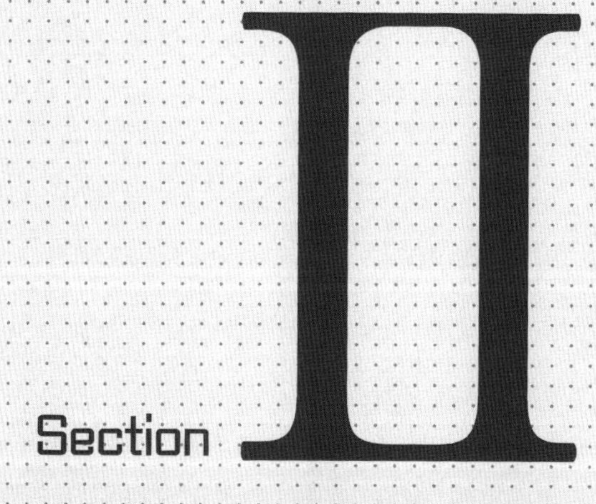

안전경영에 대한 올바른 이해를 바탕으로 기업의 현 수준을 파악하고 적절한 목표까지 수립되었다면 이제 본격적으로 안전경영을 따라해 보자.

모든 안전경영활동에서는 환류시스템(PDCA Cycle)을 적용해야 한다. 한번 검토해서 적용해 보고 끝내는 것이 아니라, 계획을 수립하여(Plan), 현장에서 실행해 보고(Do), 효과를 확인하여(Check), 개선한 후(Action), 다시 계획 단계부터 수행하는 선순환 환류(Cycle)가 지속적으로 작동해야 한다.

따라 하기는 크게 Set-up, Level-up, Firm-up의 3단계로 나누어 진행하고, 기업의 현 수준을 고려하여 단계를 생략하거나 적합한 단계에 집중할 필요가 있다.

그림 2-01 : 본격적으로 따라 하기

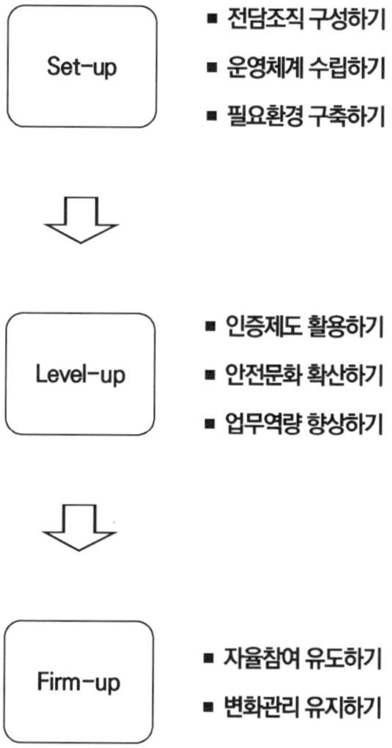

Set-up

- 전담조직 구성하기
- 운영체계 수립하기
- 필요환경 구축하기

Level-up

- 인증제도 활용하기
- 안전문화 확산하기
- 업무역량 향상하기

Firm-up

- 자율참여 유도하기
- 변화관리 유지하기

1.

Set-up 단계

본격적인 안전경영활동을 시작하기 위해서는 기본적으로 ① 전담조직, ② 운영체계, ③ 필요환경 측면에서 준비가 필요하다. 좀 비약적이긴 하지만 전쟁으로 비유하자면 전담조직은 전투에 임하는 병력, 운영 체계는 군법 · 교전수칙과 같은 규범, 필요환경은 소총 · 탱크와 같은 장비에 비유할 수 있다.

전담조직이 갖추어지지 않았다면 전쟁 자체가 안 되고, 규범이 없다면 속된 표현으로 '당나라 군대'가 되는 거고, 필요환경을 갖추지 않았다면 어렵고 힘든 전투가 예상된다. 이 외에도 여러 측면의 준비가 필요하겠지만, 안전경영활동이 처음인 기업의 경우 이 세 가지 기본적인 준비가 반드시 필요하다고 생각한다.

또한, Set-up 단계에서는 많은 시행착오를 각오해야 하는데 무엇보다도 거센 저항에 부딪힐 수 있다는 것을 명심하자. 기존에 기본적인 안전 관련 법적 사항도 이행하지 않던 기업이나 조직이 안전경영활동을 처음 시작하다 보면 근로자들은 불필요한 업무가 증가했다고 느낄 수 있고, 안전경영활동이 비용의 증가나 생산성 저하의 원인이라 생각할 수도 있다.

이러한 Set-up 단계의 성공 여부는 강한 실행력에 좌우된다. 즉, 경영진의 강력한 의지와 투자가 필수다. 적어도 경영책임자의 강력한 의지 표현이나 전담 부서를 만들어 전폭적인 지원을 통해 안전경영 체계를 잡는 것이 중요하다.

Set-up이 견고해야 향후 Level-up, Firm-up 단계로의 원활한 진행도 가능함을 명심하자.

그림 2-02 : Set-up 단계에 필요한 3가지 요소

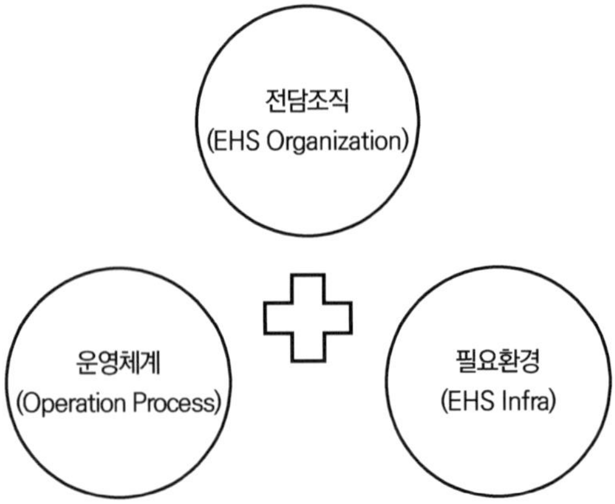

1) 전담조직(EHS Organization) 구성

안전경영 전담조직은 독립성과 전문성 확보가 무엇보다 중요하다. 안전경영 조직이 생산이나 운영 등의 조직 안에 포함된다면 업무우선순위 배제, 비용통제 등의 업무상 제한을 받을 수 있다. 따라서 경영책임자 직속 부서 편제 등의 방법으로 독립성을 부여할 때 업무추진력 또는 실행력을 확보할 수 있다.

또한 안전경영 전담조직 인원은 관련 법규에 대한 이해와 이행 등 전문성을 길러야 하며 소속 기업의 전반적인 운영형태, 사업에 대한 특성 이해 등도 필요하다. 이러한 이해가 바탕이 될 때 Risk Point를 찾아내어 개선하기가 쉽다. 따라서 안전경영에 대한 전문성은 기본이고 사업에 대한 전문성 확보도 부단히 노력하여야 한다.

안전경영 전담조직을 구성하기 위해서 다음 단계를 따라해 보자.

그림 2-03 : 안전경영 전담조직 구성 단계

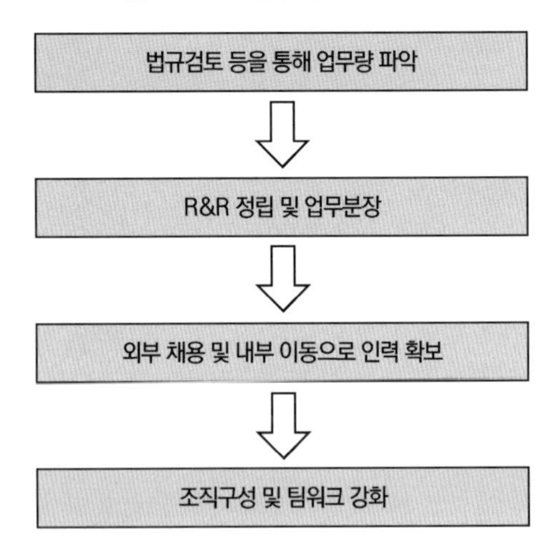

업무량 파악하기-① : 법규검토

전담조직에 필요한 적정 인원수를 판단하기 전에 안전경영 업무 범위에 대한 검토가 선행되어야 하는데 이를 위해서는 관련 법규를 먼저 검토해 보아야 한다.

일반인이 사회생활을 하는 데 있어 지켜야 할 법규가 많은 것처럼 기업도 사업 특성에 따라 준수해야 할 법규가 매우 다양하다. 따라서, 안전경영 측면에서도 준수해야 할 법규에는 어떤 것들이 있는지를 전반적으로 검토할 필요가 있다.

기업은 산업안전보건법을 비롯하여 전기 · 전자 · 기계 · 건설 ·

환경 · 위생 · 식품 · 물류 등 기업이 속한 산업 분야의 다양한 관련 법규 적용 여부와 적용 범위를 확인하고 이를 반영하여 안전경영 업무 범위를 설정할 수 있다. 이렇게 업무 범위에 따른 업무량이 산출되면 안전경영 전담조직 구성을 위한 최소한의 필요 인력을 산출할 수 있다.

다만, 법규에서 제시하는 기준을 준수했다고 해서 사고가 발생하지 않는 것은 아니다. 법규는 안전 확보를 위한 최소한의 기준이기 때문에 안전경영 전담조직 구성을 위한 업무량을 파악할 때에는 법규에서 제시하는 기준 이상의 수준을 고려해야 한다. 물론 이러한 높은 수준을 위해서는 전담조직의 인력 또한 증가하겠지만, 한 단계 높은 선제적 관리를 통해 기업의 영속성 또한 공고히 확보할 수 있을 것이다.

아직 우리 기업의 안전경영 관련 적용 법규를 검토하지 않고 있었다면, 우선 산업안전보건법 조항 하나하나를 검토하고 적용 여부 및 업무량에 따른 필요한 역량과 인원수를 도출해 보자.

그림 2-04 : 법규검토서(예시)

산업안전보건법

구분	내용/법적기준	검토사항	필요인력
제10조(산업재해 발생 기록 및 보고 등)	① 사업주는 산업재해가 발생하였을 때에는 고용노동부령으로 정하는 바에 따라 재해발생원인 등을 기록·보존하여야 한다. ② 사업주는 제1항에 따라 기록한 산업재해 중 고용노동부령으로 정하는 산업재해에 대하여는 그 발생 개요·원인 및 보고 시기, 재발방지 계획 등을 고용노동부령으로 정하는 바에 따라 고용노동부장관에게 보고하여야 한다.	산업재해 발생시 보고 Process 수립(자체적으로 수정 또는 수립)	전담자 검토
제11조(법령 요지의 게시 등)	① 사업주는 이 법과 이 법에 따른 요지를 상시 각 작업장 내에 근로자가 쉽게 볼 수 있는 장소에 게시하거나 갖추어 두어 근로자로 하여금 알게 하여야 한다.	요지문(요약본)각사 기존 자료 취합 및 산업안전협회 자료 참고하여 공통 요지문 작성 EHS 규정과 같이 비치할것	전담자 검토
제12조(안전·보건 표지의 부착 등)	사업주는 사업장의 유해하거나 위험한 시설 및 장소에 대한 경고, 비상시 조치에 대한 안내, 그 밖에 안전의식의 고취를 위하여 고용노동부령으로 정하는 바에 따라 안전·보건표지를 설치하거나 부착하여야 한다. 이 경우 「외국인근로자의 고용 등에 관한 법률」 제2조에 따른 외국인그로자를 채용한 사업주는 고용노동부장관이 정하는 바에 따라 외국어로 된 안전·보건표지와 직접안전수칙을 부착하도록 노력하여야 한다.	안전, 보건 표지 제작하여 부착	일상 업무

구분	내용/법적기준	검토사항	필요인력
제13조(안전보건관리책임자)	① 사업주는 사업장에 안전보건관리책임자(이하 "관리책임자"라 한다)를 두어 다음 각 호의 업무를 총괄관리하도록 하여야 한다.	안전보건관리 책임자 선임 필요(임명장/HR자료/교육품의)	임직원 중 임명
제14조(관리감독자)	① 사업주는 사업장의 관리감독자(경영조직에서 생산과 관련되는 업무와 그 소속 직원을 직접 지휘·감독하는 부서의 장 또는 그 직위를 담당하는 자를 말한다. 이하 같다)로 하여금 직무와 관련된 안전·보건에 관한 업무로서 안전·보건점검 등 대통령으로 정하는 업무를 수행하도록 하여야 한다. 다만, 위험방지가 특히 필요한 작업으로서 대통령령으로 정하는 작업에 대하여는 소속 직원에 대한 특별교육 등 대통령령으로 정하는 안전·보건에 관한 업무를 추가로 수행하도록 하여야 한다.	관리감독자 선임(선임근거 마련)	임직원 중 임명
제15조 (안전관리자 등)	① 사업주는 사업장에 안전관리자를 두어 제13조제1항 각 호의 사항 중 안전에 관한 기술적인 사항에 관하여 사업주 또는 관리책임자를 보좌하고 관리감독자에게 조언·지도하는 업무를 수행하게 하여야 한다.	안전관리자 선임(선임 후 신고)	2명
제16조 (보건관리자 등)	① 사업주는 사업장에 보건관리자를 두어 제13조제1항 각 호의 사항 중 보건에 관한 기술적인 사항에 관하여 사업주 또는 관리책임자를 보좌하고 관리감독자에게 조언·지도하는 업무를 수행하게 하여야 한다.	보건관리자 선임(선임 후 신고)	1명

업무량 파악하기-② : 안전관리 내재화 or 위탁

앞서 작성한 법규검토서를 통해 업무량을 파악했다면 이 업무를 외부업체에 위탁할지 아니면 자체 전담조직이나 전담 근무자가 수행할지를 결정해야 한다. 안전경영을 위해서는 안전관리자, 보건관리자, 소방안전관리자 등 법적으로 선임하여 신고하는 직무자와 안전보건관리책임자, 안전보건총괄책임자, 관리감독자 등 신고하지 않더라도 자체 선임해야 하는 직무자가 있다.

그림 2-05 : 안전관계인 선임

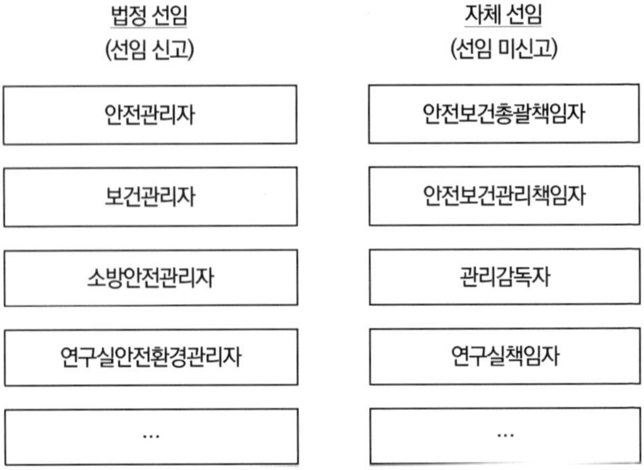

법정 선임 (선임 신고)	자체 선임 (선임 미신고)
안전관리자	안전보건총괄책임자
보건관리자	안전보건관리책임자
소방안전관리자	관리감독자
연구실안전환경관리자	연구실책임자
…	…

다만, 이중 법적 선임자는 기업의 규모와 형태에 따라 외부에 위탁할 수도 있다. 외부에 위탁하는 경우 인건비 절감 등의 장점은 있으나, 안전관리 외주화에 따른 안전경영의 질적 저하는 피할 수

없다. 반대로 전담조직이나 전담 근무자를 운용할 경우 인건비 증가 등의 단점은 있으나, 안전경영의 연속성, 신속성, 질적 수준 향상 등의 확보가 가능하다.

안전경영활동을 외부 전문업체에 위탁하여 관리하는 경우나, 기업의 규모가 작고 상대적으로 안전 이슈가 낮은 기업인 경우에는 다른 업무를 겸하여 수행하더라도 안전경영 업무 담당자를 반드시 지정하는 것이 필요하다.

또한 중대재해처벌법에 의거하여 2명 이상의 전담조직을 두어야 하는 경우가 있다. 즉, 산업안전보건법상 안전관리자, 보건관리자, 안전보건관리담당자, 산업보건의 중 총 3명 이상 배치 의무(시행령 별표3, 별표5, 시행령 제24조, 제29조 참고)가 있고, 전사 기준 상시 근로자가 500명 이상인 경우와 시공능력 순위가 상위 200위 이내인 건설사업자인 경우에는 전담조직을 갖춰야 한다.

따라서, 위탁 여부와 자체 수행 시 안전경영 전담조직(또는 업무 담당자)이 수행해야 할 업무 범위에 대해 검토하여 적정 규모를 확정해야 한다.

R&R 정립하기 : Positioning & Cooperating

전담조직의 규모가 정해졌다면 조직도상 어느 위치에 어떤 형태로 둘지를 검토해 보아야 한다.

학문상으로 라인(Lind)형과 스태프(Staff)형, 이 둘을 합친 라인-스태프(Line Staff)형이 있다. 라인형은 명령 및 지시가 신속·정확하여 소규모 사업장에 적합하나, 안전 정보가 불충분한 단점이 있다. 스태프형은 안전정보 수집이 빠른 반면 명령 및 지시가 신속·정확하지 못하기 때문에 중규모 사업장에 적합하다. 라인-스태프형은 대규모 사업장에 적합한데, 명령이 신속·정확하고 안전정보 수집은 빠르나 명령계통과 조언적 참여의 혼돈이 우려된다.

따라서 기업의 규모와 형태에 따라 적합한 모델을 선택하되 가능한 독립적이고 경영책임자의 의사를 빠르게 반영할 수 있는 위치에 두는 것이 좋겠다.

그림 2-06 : 안전경영 전담조직 형태

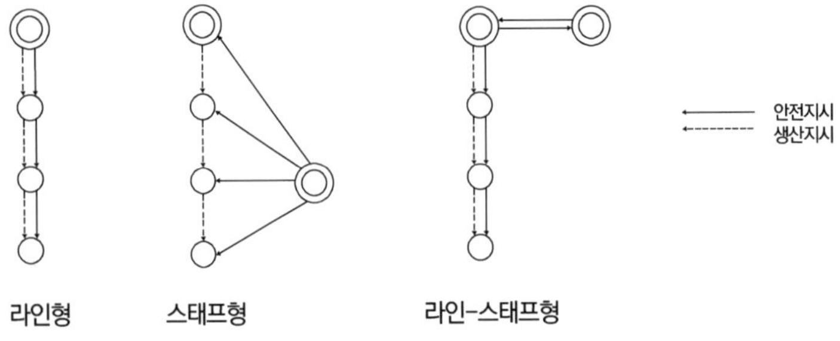

라인형 스태프형 라인-스태프형

안전지시
생산지시

일반적으로 기업에 안전 조직이 갖추어졌다고 하면 안전과 관련된 모든 업무는 안전 조직에서 실행한다고 착각하는 경우가 많은데, 안전경영활동은 전담조직에서만 수행하는 것이 절대 아니다. 전담조직 및 전담자는 지도와 조언하는 역할을 수행하고 실질적인 실행은 현장에서 수행해야 한다. 즉, 전담조직 및 전담자는 업무수행이 원활하게 진행되도록 지원 역할을 수행하여야 한다. 따라서, 안전경영 전담조직은 안전경영활동의 리딩(Leading)보다는 서포팅(Supporting)에 중점을 둘 필요가 있겠다.

산업안전보건법에서도 안전관리자는 '안전에 관한 기술적인 사항에 관하여 사업주 또는 안전보건관리책임자를 보좌하고 관리감독자에게 지도 · 조언하는 업무를 수행하는 사람'으로 정의하고 있다. 즉, 안전경영의 주체는 사업주를 비롯한 전체 근로자이며, 안전전담조직은 안전경영이 잘 수행될 수 있도록 보좌 및 지도 · 조언을 하여야 한다.

혹시 우리 기업이나 조직에도 잘못 이해하고 있는 안전 관계자가 있다면 임명장을 통해 개선해 보자. 안전보건관리책임자와 관리감독자에게 그림처럼 R&R이 명시된 임명장을 수여하는 것이다. 임명장은 잘 보이는 곳에 게시하여 안전관계자가 항상 리마인드할 수 있도록 하고, 현업과 안전전담부서가 유기적인 협업 관계를 유지하도록 하자.

그림 2-07 : 안전관계인 임명장(예시)

안전보건 총괄(관리)책임자 임명장

소속: ○○주식회사
직책: ○○○
성명: 김○○

위 사람을 산업안전보건법 제15조 및 제62조에 의거, 아래와 같은 업무를 수행할 **안전보건 총괄(관리)책임자**로 임명합니다.

R&R

※ 산업안전보건법 제64조 의무사항

□ **협력사 협의회, 합동점검 활동 등**

- ■ **합동점검 실시**: 협력사 관리책임자 및 근로자(협력사 및 각 1명 이상, 분기 1회)
- ■ **협의체 운영 관리**: 대피방법, 연락방법, 작업 공정 관련 사항 등의 사항 협의(1회/월)
  - 협의체 시작 前 5분가량 안전보건 관련 주제 이야기, 동영상 시청

□ **산업안전보건법 제15조, 동법 시행령 제53조에 따른 업무**

Incentive

구분	명칭	선정방법	주기
사업장	안전경영 우수사업장 인증 및 포상	■사업장별 자체점검 및 현장점검 등 안전경영활동 우수 사업장 선정하여 인증 및 포상	반기 1회
	현장경영 사업장 포상	■현장경영 시 격려물품, 우수추진자 포상	상시

Penalty

사고등급	관리 기준	대상자	비고
A,B	경고장	사고 관련자 전원	경위서 작성 포함
C	경위서	관리감독자, 사고 원인 제공자	안전보건관리(총괄)책임자 제외

※ C등급 이상의 사고 발생 시 안전의식 강화 교육 프로그램 수강 必
(안전보건관리(총괄)책임자, 관리감독자, 사고 원인 제공자)

20XX.XX.XX.
○○주식회사

안전보건 관리감독자 임명장

소속: ○○주식회사
직책: ○○○
성명: 이○○

위 사람을 산업안전보건법 제16조에 의거, 아래와 같은 업무를 수행할 **안전보건 관리감독자**로 임명합니다.

<table>
<tr><td>R&R</td><td>

□ **Safety Leadership 활동(사업장 안전관리 활동 총괄관리)**
- **Safety Walk**: 현장 패트롤(업무 시작 후 30분간 사업장 점검, 1회/일)
- **Safety Talk(TBM)**: 10분/일 이상, 15명 이하 인원구성(모든 근로자 대상, 1회/일): 작업복 및 보호구 착용상태 확인, 위험요인 선정, 사고사례전파
※ 산업안전보건법 제64조 의무사항
□ **실무자 안전점검의 날 운영**(사업장 순회점검, 협력사 포함, 1회/주)
- 계절별 안전수칙 이행상태 확인/점검, 법규, 제개정사항 관리
- 기계기구 또는 설비의 안전보건 점검, 작업장 정리/정돈 및 통로 확보
□ **안전교육, 위험성평가, 산업재해 보고/응급조치, 비상대응훈련 등** (수시)
□ **산업안전보건법 시행령 제15조에 따른 업무**

</td></tr>
<tr><td>Incentive</td><td>

<table>
<tr><th>구분</th><th>명칭</th><th>선정방법</th><th>주기</th></tr>
<tr><td rowspan="2">사업장</td><td>안전경영 우수사업장 인증 및 포상</td><td>■ 사업장별 자체점검 및 현장점검 등 안전경영활동 우수 사업장 선정하여 인증 및 포상</td><td>반기 1회</td></tr>
<tr><td>현장경영 사업장 포상</td><td>■ 현장경영 시 격려물품, 우수추진자 포상</td><td>상시</td></tr>
</table>

</td></tr>
<tr><td>Penalty</td><td>

<table>
<tr><th>사고등급</th><th>관리 기준</th><th>대상자</th><th>비고</th></tr>
<tr><td>A,B</td><td>경고장</td><td>사고 관련자 전원</td><td>경위서 작성 포함</td></tr>
<tr><td>C</td><td>경위서</td><td>관리감독자, 사고 원인 제공자</td><td>안전보건관리(총괄)책임자 제외</td></tr>
</table>

※ C등급 이상의 사고 발생 시 안전의식 강화 교육 프로그램 수강 必
(안전보건관리(총괄)책임자, 관리감독자, 사고 원인 제공자)

</td></tr>
</table>

20XX.XX.XX.
○○주식회사

업무분장표 작성하기 : 기획과 운영

안전경영활동뿐만 아니라, 일반적인 경영활동의 큰 축은 기획과 운영으로 구분할 수 있다. 기획과 운영이라는 조직 명칭은 변경 가능하나, 기획이 전략을 수립하고 조율하는 역할을, 운영이 현장에 실행하고 확인하는 역할을 수행하는 것은 유지하는 것이 좋겠다. 이를 환류시스템(PDCA Cycle)에 비유하면 기획은 Plan과 Action의 과정을, 운영은 Do와 Check의 과정을 수행하는 것으로 볼 수 있다.

그림 2-08 : 업무 분장표(예시)

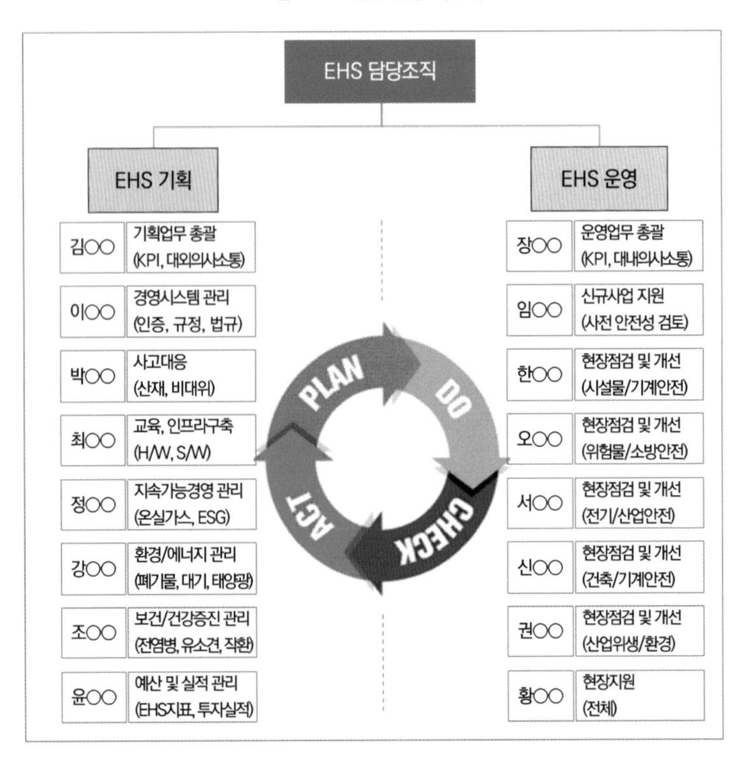

안전경영활동과 관련한 기획과 운영 조직의 크기는 기업의 규모와 형태에 따라 달라질 수 있지만 기능만큼은 구분하여 수행하는 것이 좋다. 즉, 규모가 큰 조직은 팀이나 파트 형태의 조직으로, 규모가 작은 조직은 각 담당자를 지정하여 업무를 수행하는 것이 좋겠다. 또한 일정 기간이 경과하면 서로의 역할을 바꾸어 수행함으로써 역량을 증대시키는 방법을 검토할 필요가 있다.

안전경영 업무를 크게 기획과 운영으로 구분하였다면, 개인별로 세부적인 각각의 업무에 대해 역할(Role)과 이에 따르는 책임(Responsibility)을 명확히 구분하여 업무분장표를 작성한다.

인력 확보하기 : 채용과 육성

업무량을 파악하고 위탁 여부 등을 고려하여 필요한 인원수를 산출한 후, 업무분장표까지 작성하였다면 업무분장표의 빈칸에 필요한 인력을 확보해 보자.

인력은 경력채용이나, 기존 인력 중 순환배치가 가능한 인력을 확보하는 것이 좋겠다. 즉, 안전직무 경력이 풍부한 사람을 채용하여 실전에 바로 배치하는 것이 가장 좋겠지만, 사업을 잘 이해하고 현장의 문제점을 가장 잘 아는 사람을 안전경영 직무로 순환배치하는 것도 좋은 방법이다. 물론, 이러한 경우에는 안전경영 업무에 필요한 자격증 등 최소한의 역량 확보가 선행되어야 한다.

최근 기업들이 안전직무자 채용을 늘리면서 인력시장에서 안전직무자에 대한 수요대비 공급이 부족한 양상이다. 이러한 상황에서 직무경력자를 채용하거나 순환배치로 즉시 전력감을 투입하는 것이 여의치 않다면 안전직무 신입사원을 채용하여 육성하는 방법을 검토해 보도록 하자. 당장은 성과를 내기 어렵지만 3년 이상 경과하면, 이들이 보유한 해당 기업에 대한 안전경영 역량은 타 기업 경력직 채용자나 타 직무 순환배치자보다 월등히 높을 것이다.

팀워크 강화하기 : 일하는 방식

흔히 조직을 배에 비유하는 경우가 많은데, 안전경영 조직도 다를 바 없다. 조직의 리더는 선장이 되어 나아가고자 하는 방향을 명확히 정해 주어야 하며, 안전경영의 지향점과 비전을 수립하여 모든 구성원이 동일한 목표를 향해 나아갈 수 있도록 하여야 한다. 또한 배가 작고 초라하다면 선장은 앞으로 잘 나아갈 수 있도록 더 크고 좋은 배를 마련해 주어야 한다.

이와 비교하여, 각 구성원은 일사분란하게 움직여 배가 앞으로

그림 2-09 : 같은 목표, 동일한 행동

잘 나아가게 만들어야 한다. 선원이 부족하거나 필요한 역량을 보유하지 않은 경우 또는 노 젓는 방식 등 운영체계나 기준이 잘못된 경우, 배는 움직이지 않거나 엉뚱한 방향으로 갈 수밖에 없다.

따라서, 경영 리더를 비롯한 모든 구성원은 각자의 위치에서 각자의 역량을 충분히 발휘하고, 정확한 기준을 준수하며 개인의 임무를 수행할 때 안전경영이라는 배는 순항할 것이다.

이를 위해 안전경영 전담조직의 일하는 방식(Ground Rule)에 대해 생각해 보자. 개인에게 개성이 있는 것처럼 모든 조직은 조직만의 색깔, 나아가 문화가 있다. 특히, 안전경영 전담조직은 업무특성상 기준과 원칙을 준수하게끔 점검 · 진단 등을 주로 해야 하는 조직이므로 구성원 간 자칫 경직된 분위기가 생길 수 있으며, 주변으로부터 거부감 또한 발생할 수 있다. 따라서 내부적으로는 상호 배려하는 마음으로 업무를 수행하되 직무별 정 · 부 담당자를 두어 상호 보완적 역할수행이 필요하며, 외부적으로는 거부감을 친밀감으로 바꾸는 활동이 필요하다. 다만, 안전경영 전담부서의 특성에 맞게 기준과 원칙은 반드시 준수하는 조직임을 강조할 필요가 있다.

2) 운영체계(Operation Process) 수립

라면을 끓일 때도 조리 순서가 있다. 표준절차를 따를 때가 가장 이상적인 맛을 내는 것처럼 업무 수행에 있어서도 이 표준운영체계(SOP; Standard Operating Procedure)를 준수할 필요가 있다.

많은 기업이 각종 규정 등 운영체계를 잘 갖추었다고 이야기하지만 실상을 살펴보면, 각종 필요 서류만을 구비한 상태로 실제로는 현장에 적용되지 않는 '문서'만 갖춘 수준인 경우가 대부분이다.

운영체계는 단순히 문서 형태로 남아 있어서는 안 된다. 먼저, 수립된 규정 등 운영체계들을 문서화하고 이를 근로자들에게 공표한 후 실제로 실행이 되게끔 유도해야 한다. 또한 실행 과정에서 개선사항이 도출되면 이를 반영하여 규정을 보완하고 다시 실행하는 환류 활동이 반복되어야 한다.

운영체계는 기본적인 프로세스, 예방을 위한 프로세스, 대응을 위한 프로세스로 구분하여 검토해 보자.

그림 2-10 : 작업표준서

작업표준서

작성일 : 20 년 월 일

생산라인		신규제정일	20 년 월 일
공정명			
작업순서			
이상 발생 시 조치사항			
안전주의사항			
작업주의사항			
보전주의사항			

■ 개정이력

No	개 정 일	개 정 내 용	비고

기본 프로세스-① : 매뉴얼/절차서/지침서

매뉴얼, 절차서, 지침서의 차이를 비교 설명하기는 쉽지 않으며, 통상 혼용하여 사용하는 경우도 많다. 하지만 ISO 등 운영체계 인증이나 기업의 규정 등을 정함에 있어 매뉴얼, 절차서, 지침서를 작성하게 되는데 그 차이를 명확히 이해하고 작성할 필요가 있다.

- 매뉴얼(Manual) : ISO 국제규격 등에 따라 개별 요구사항 수행에 필요한 중요사항을 정한 문서
- 절차서(Procedure) : 행위에 대한 일반적인 안내서, 업무의 효율적인 수행 방법을 설명하거나 명시한 문서로 업무수행의 방법과 순서 등을 기술한 문서, 매뉴얼에서 위임한 사항 또는 시행에 필요한 세부적인 기준 및 업무 절차를 정한 문서
- 지침서(Guide Book) : 행위에 대한 세부적인 안내서, 절차서의 전반적인 계획에 대한 수행 방법 및 순서 등의 세부 사항을 더 자세히 기술한 문서, 사업장 실무 운영에 필요한 세부 업무 가이드 라인을 정한 문서

너무 많고 복잡한 규정은 반대급부로 규정을 지키지 않게 하는 결과를 초래하기도 한다. 즉, 근로자가 규정을 확인하고 준수하기 쉬워야 하며, 처음부터 모든 사항을 규정화하기보다는 기업 상황에 맞는 기본적인 사항만을 규정화한 이후에 필요한 세부 사

그림 2-11 : 문서 vs. 법률

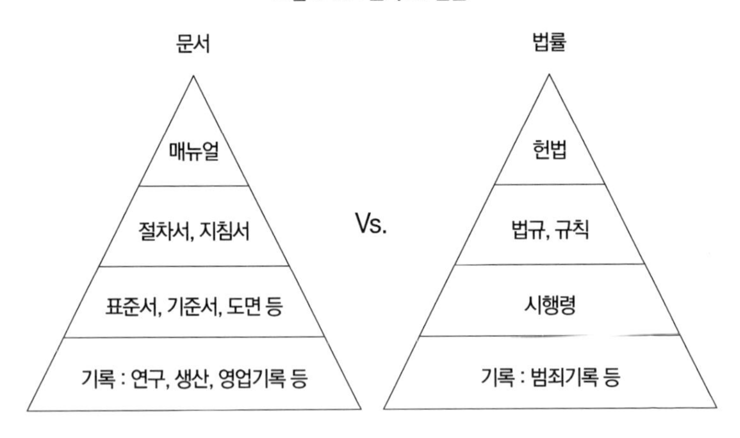

항은 유연하게 대응하거나 추가하는 방법을 검토해 보는 것이 좋겠다.

문서 관리에 대한 기준도 필요하다. 즉, 문서 관리번호부터 문서 보관기간 등을 포함하여 그 기준을 수립하여야 한다. 특히, 정기적인 검토와 리뉴얼에 대한 기준도 포함할 필요가 있다.

이것은 PDCA 활동과도 연관이 있는데, 각종 기준(P)에 의해 안전경영활동을 실행(D)하고 기준 대비 실행의 차이를 확인(C)하여 최소 연 1회 검토를 통해 수정(A)하여 개정하는 것이 중요하다. 정기적인 검토를 통한 개정 이외에도 법규 등이 변경되면 이를 검토하여 반영한 개정이 필요하다.

기본 프로세스-② : Fool Proof & Fail Safe

하인리히의 도미노 이론은 재해가 일어나는 5가지 단계 중에서 '불안전한 행동과 불안전한 상태'가 제거되면 재해가 일어나지 않는다는 것이다. Fool Proof와 Fail Safe는 이러한 불안전한 행동과 상태로 사고가 발생하더라도 재해로 연결되지 않도록 하는 장치를 말한다.

그림 2-12 : 하인리히의 도미노 이론

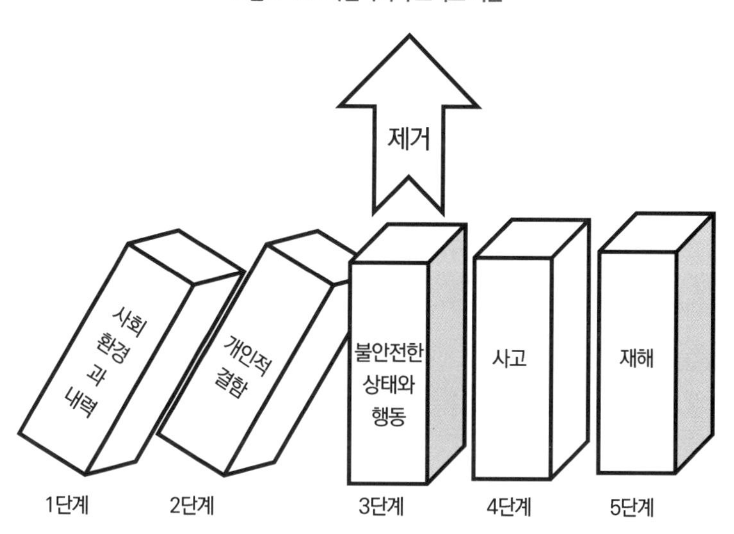

Fool Proof는 바보(Fool)와 증명(Proof)의 합성어로 바보라도 할 수 있는 매우 간단한 과실방지 장치를 말한다. 즉, 조작순서를 착각하거나 작업의 위험성을 이해하지 못한 사람이라도 실수하지 않도록 한 장치다.

한편, Fail Safe는 인간의 실수나 기계의 동작상 에러가 발생하여도(Fail) 사고로 연결되는 일이 없도록 2중, 3중으로 통제해서 안전을 확보(Safe)하는 것을 말한다.

현재 사용되고 있는 Fool Proof와 Fail Safe 사례는 매우 다양하며, 산업의 발달과 더불어 증가하는 Risk에 대응하기 위해 Fool Proof와 Fail Safe 개념의 설비적 장치 또한 지속적으로 늘고 있는 추세다.

이렇듯 안전경영을 위해 Fool Proof와 Fail Safe 개념을 적절하게 적용하는 것이 중요하지만, 비용 측면에서 Fool Proof가 Fail Safe에 비해 비교적 적은 비용으로 쉽게 적용이 가능하므로, 유해위험요소 해결을 위해 먼저 검토해 보도록 하자. 예를 들어 개인보호구 착용 기준의 경우, 적절한 개인보호구를 착용하지 않으면 출입문이 열리지 않게 하는 Fail Safe 개념 적용에는 많은 비용이 들 수 있다. 이에 반해 비용 절감을 고려한 Fool Proof 개념의 적용을 위해 작업장 출입구에 알아보기 쉬운 산업안전보건표지를 부착해 보자. 즉, 작업자가 기준 보호구를 착용한 사진을 촬영하여 부착해 놓는다면 매우 직관적으로 판단하여 이해가 쉬울 것이다.

또한, SOP나 행동지침 등을 문자(Text) 위주로 작성한 책자 형태로 제작하면, 글을 읽고 생각을 통해 판단하게 되므로 오류가 발

그림 2-13 : 안전보호구 착용

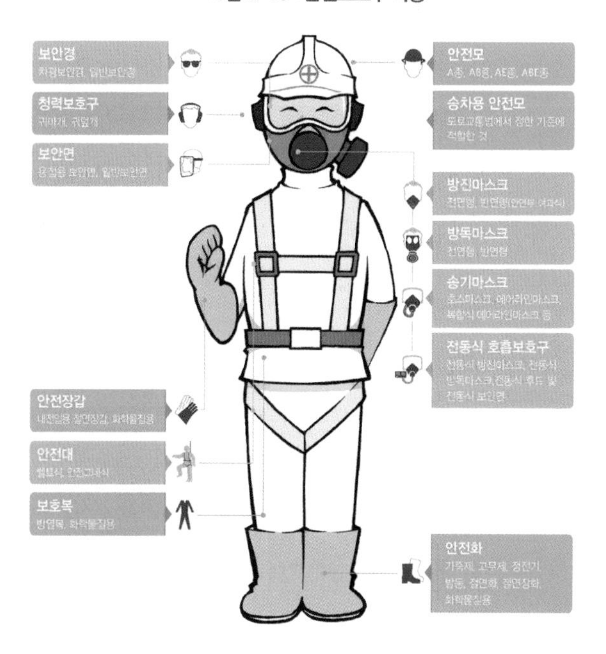

생할 수 있다. 그런데 이것을 사진으로 표현하는 것을 검토해 보자. 사진은 문서에 비해 직관적이므로 이해하기 쉽고, 근로자의 흥미를 유발하기에도 좋을 것이다.

한발 더 나아가 동영상으로 제작해서 활용한다면 좀 더 이해하기가 쉽고, 더욱이 근로자가 직접 참여해서 제작한다면 안전경영 측면에서 더 큰 의미를 가질 수 있을 것이다.

요즘 기업에서 책자 형태의 제품 사용설명서를 최소화하는 대신 동영상으로 제작하여 제공하거나, 구매자가 언박싱(Unboxing)부터 사용 후기를 유튜브에 올려놓고 활용하는 것 등이 좋은 예다.

그림 2-14 : 사진을 첨가한 SOP

OO공정 이상조치 가이드

yyyy.mm.dd

구분	전사 공통	작업명	유지보수작업	설비명	전체	장소	전체

유해위험요인	넘어짐	끼임	부딪힘	떨어짐	맞음	화재/폭발	감전	기타
	-	○	-	-	-	-	○	-

Work Flow

[1] 기계설비 운전정지
- 기기 이상 발생 시 즉시 전원 차단, 안전관계자에게 상황 보고

[2] LOTO 설치
- 전원부 등에 잠금장치 및 표지판 설치 후, 담당 작업자가 개별열쇠 보관

[3] 유지보수 등 작업실시
- 이상 상황에 대한 유지보수 조치

[4] 점검 및 확인
- 유지보수 작업 완료 후, 기계 주변 및 관련작업자 안전 상태 확인

[5] LOTO 해제
- 안전관계자 입회하에 조치 완료 상태 확인 후, LOTO 해제

[6] 기계설비 재가동
- 관련 작업자에게 내용 공지 후, 기계 재가동

그림 2-15 : QR코드를 활용한 제품 설명서

Manual

이처럼 간단하게 시작할 수 있는 Fool Proof 개선사례를 발굴하여 적용하고, 기업의 재정적 상황을 고려하여 기계 · 기구류 등의 Fail Safe 적용도 적극 검토해 보도록 하자.

기본 프로세스-③ : 예산확보와 효율적 집행

안전경영을 위해서는 별도의 비용이 발생하게 된다. 이 비용은 기업의 직접적 경영성과와는 거리가 있으므로 많은 기업이 안전경영에 소요되는 비용을 아끼려다가 오히려 더 큰 재정적 손실이 발생하는 경우가 많다. 또한, 앞서 설명한 바와 같이 안전사고로 인해 금전적 손실뿐만 아니라 기업의 존폐에 막대한 영향을 주기도 하므로, 안전경영과 관련한 일정 규모 이상의 별도 예산을 편성하여 집행하는 것이 중요하다.

예산은 중장기적 관점의 안전시설 투자예산과 단기적으로 해결해야 할 안전관리 비용예산을 별도 편성 · 관리하는 것이 좋겠다. 또한 이러한 안전경영 예산을 효율적으로 관리하기 위해 안전예산 관리계정을 만들어 회계 처리하는 방법을 고려하여야 한다.

우선 전체 예산의 규모를 파악하기 위해서는 위험성평가기법을 활용하는 방법을 고려해 보자. 즉, 근로자가 참여하여 위험성 평가를 실시하고, 도출된 유해위험성을 제거하기 위해 필요한 개선안을 도출하여 투자와 비용에 소요되는 예산을 산출하는 방법을 적용해 보는 것이 좋겠다.

규모가 큰 경우 차년도 투자계획에 반영하고, 즉시 개선이 가능한 경우는 비용으로 처리하도록 한다. 이렇게 안전경영에 소요된 예산을 계정 관리하여 기업이 얼마나 안전경영을 위해 노력하는가를 판단하는 근거로 삼을 필요가 있다.

많은 기업이 예산을 집행하기 위해서 복잡한 전결규정 및 프로세스를 따르는 경우가 많다. 그러나 안전과 관련된 사안은 시급성을 요하는 경우가 많은데, 복잡한 업무 프로세스를 따르다 보면 자칫 개선하기도 전에 안전사고가 발생하는 경우가 생길 수 있다. 따라서, 안전경영 예산은 실무자가 긴급하게 사용 가능하도록 일정

부분 권한을 부여하는 방법이나 업무 프로세스를 간소화하는 방안을 고려하여야 한다.

그림 2-16 : 안전관리비 예산 편성과 집행(예시)

■ 안전예산 집행 현황

(단위 : 백만 원)

구분	20AA년		20BB년		
	예산	결산	예산	집행*	집행률
계	3,100	2,935	3,100	1,595	51.5%
1. 위험설비 정비 및 개보수	1,000	902	1,000	354	35.4%
① 시설물의 안전확보를 위한 대책 사업비	500	455	500	243	48.6%
② 노후설비 및 장비의 교체, 보강 등 개선비	500	447	500	111	22.2%
2. 안전관리비	500	508	500	403	80.6%
① 안전부서 일반관리비(컨설팅 비용 포함)	300	310	300	257	85.7%
② 안전진단, 점검, 검사, 측정 등의 소요 비용	200	198	200	146	73.0%
3. 안전경영시스템 등	300	257	300	74	24.7%
① 안전경영 정보시스템 구축, 운영, 보수 비용	200	165	200	53	26.5%
② 안전경영시스템 인증, 운영, 평가 비용	100	92	100	21	21.0%
4. 안전경영 물품 및 장비 구입비	200	204	200	135	67.5%
① 안전경영 물품 및 보호구 등	100	93	100	87	87.0%
② 안전경영 관련 장비 및 설비 등	100	111	100	48	48.0%
5. 안전경영 교육훈련 및 홍보	100	76	100	40	40.0%
① 안전교육 및 훈련비	50	44	50	24	48.0%
② 안전관련 행사추진 비용 등	50	32	50	16	32.0%
6. 안전경영 전담인력 인건비	500	503	500	265	53.0%
① 전담부서 인력의 인건비	400	398	400	210	52.5%
② 자격 수당 및 기타 인건비	100	105	100	55	55.0%
7. 기타	500	485	500	324	64.8%
① 산업안전보건위원회 등 각종 회의 운영비	50	41	50	26	52.0%
② 화재보험, 협회 회비 등 기타 경비	450	444	450	298	66.2%

*집행 : ○○월 기준

또한 일정 주기(월 또는 분기)마다 집행률을 관리하는 것이 필요하다. 기업경영에 있어서 비용 절감이 중요한 요소이나 안전경영 관점에서 비용절감은 더 큰 손실로 귀결될 수 있다. 빙하이론이라는 것이 있는데, 사고로 인해 눈에 보이는 실패비용보다 눈에 보이지 않는 더 큰 비용이 발생한다는 것이다. 안전경영 예산확보와 효율적 집행을 통해 눈에 보이지 않는 실패비용이 발생하지 않도록 해야 한다.

예방 프로세스-① : 위험성 평가

우리 사업장을 가만히 들여다보면 생각보다 많은 유해위험요소를 발견할 수 있다. 잠시 멈춰 서서 들여다보면 일하는 방식, 사용하는 원료와 기계기구류, 작업하는 근로자의 상태 등 평소에는 무심코 지나쳤을 수 있던 상황이 새롭게 보일 것이다. 즉, 새로운 시각에서 유해위험요소를 발견할 수 있다.

이러한 유해위험요소를 발견하는 가장 일반적인 방법은 위험성 평가다. 위험성 평가는 근로자가 직접 참여하여 작업공정 단위로 실시하여야 하며, 평가방법 등은 정기교육 등을 통해 습득하여야 한다.

또한 위험성 평가를 통해 도출된 유해위험성을 어떻게 제거할지를 정하고, 이에 소요되는 안전경영 예산을 검토하여야 한다. 참

그림 2-17 : 위험의 유형과 해결 방법

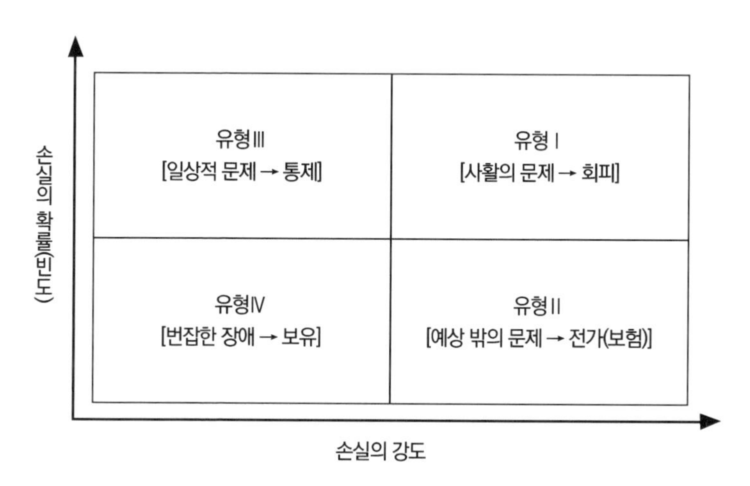

고로, 산업안전에서 시행하는 위험성 평가와 연구실 안전에서 활용되는 사전유해인자위험분석은 같은 맥락이다.

위험성 평가를 통해 발견된 유해위험요소를 관리하는 방법에는 여러 가지가 있다. 앞서 설명하였던 빈도와 강도 측면에서 위험을 4가지 유형의 위험으로 나누어 생각해 볼 수 있다.

유형Ⅰ은 발생 빈도와 규모가 모두 큰 경우이며, 조직이나 개인에게 중대한 위험으로, 이러한 위험은 가급적 피하는 것이 바람직하다. 회피하는 방법에는 제거, 대체, 변경 등이 있다. 위험성 평가 후 가장 먼저 해결해야 할 유형이다.

유형Ⅱ는 발생 빈도는 낮으나 손실이 발생하면 그 규모가 매우 큰 위험이다. 이러한 위험은 발생 빈도가 낮아 상대적으로 예상하기가 곤란하고 그 결과는 부담하기 어려울 정도로 위험이 크다. 이러한 유형은 보험 등을 통하여 제3자에게 전가하는 편이 바람직하므로 보험 부서와의 협의를 통해 규모와 범위에 대해 정해야 한다.

유형Ⅲ은 발생 빈도는 매우 높지만 손실 규모는 그다지 크지 않은 경우로, 상대적으로 예측하기 쉬운 일상적인 위험으로 볼 수 있으며 적극적인 사전 예방이나 대응이 용이한 위험이라고 볼 수 있다. 이러한 위험은 발생 빈도의 축소에 초점을 둔 일상적인 예방활동 등의 통제가 바람직하다.

유형Ⅳ는 빈도와 강도가 모두 낮은 경우로 예측이 곤란하지만 결과에 따른 손실도 미미하다. 따라서 사전 대비보다는 발생 시 그때그때 적절히 대응하는 방법이 적당하다. 다만, 아차사고 등의 관리를 통해 경향을 파악하고, 적절한 예방활동을 검토해 보는 것이 좋겠다.

깨진 유리창 이론(Broken Window Theory)에 대해 들어 본 적이 있을 것이다. 유리창이 깨진 자동차를 거리에 방치하면 사람들은 사회의 법과 질서가 지켜지지 않는다고 생각하게 되고 더 큰 범죄

그림 2-18 : 깨진 유리창 이론 & 하인리히법칙

깨진 유리창의 법칙

로 이어질 수 있다는 이론이다. 즉, 사소한 경범죄를 제때에 바로잡지 않고 방치한다면 결국 강력범죄로 발전한다는 이론이다.

안전경영 측면에서도 유사한 이론으로 하인리히법칙이 있다. 이 법칙은 큰 산업재해가 발생했다면 그전에 같은 원인으로 29번의 작은 재해가 발생했고, 또 운 좋게 재해는 피했지만 같은 원인으로 부상당할 뻔한 사건이 300번 있었을 것이라는 이론이다.

깨진 유리창 이론이나 하인리히법칙이나 어떤 상황에서든 문제가 되는 현상이나 오류를 초기에 신속히 발견해서 대처해야 한다는 것을 의미함과 동시에 초기에 신속히 대처하지 못할 경우 더 큰 문제로 번질 수 있다는 것을 경고한다. 따라서, 위험성 평가를 통해

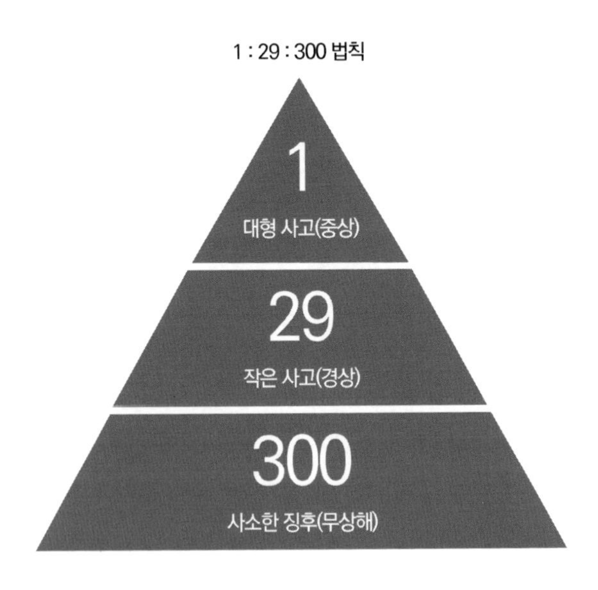

유해위험요소를 제거하는 프로세스를 수립하고, 실질적인 활동에 집중해 보자.

예방 프로세스-② : 공사(작업) 허가 프로세스

비단 건설공사뿐만 아니라 소규모 공사나 작업을 위해서는 공사(작업) 허가 프로세스를 거쳐야 한다. 이것은 소속 근로자가 직접 수행하는 경우나 협력업체를 통해 수행하는 경우 모두에 해당한다. 특히, 공사 규모를 떠나 대부분의 공사는 외부 공사업체를 통해 진행되므로 뒤에서 다룰 '협력업체 평가하기'도 중요하다.

일반적인 프로세스는 사전 위험성 평가와 더불어 안전조치 사항을 확인하고, 관리감독자의 결재를 득한 허가서를 발급하여 공사(작업) 현장에 비치해야 한다. 특히, 고위험작업(고소작업, 화기작업, 밀폐공간작업, 활선작업, 굴착작업, 중장비작업 등)에 대해서는 각 작업별 특성에 맞는 안전조치가 되었는지를 확인하여야 하며 수시로 현장을 방문하여 감독해야 한다.

이러한 공사(작업) 허가 프로세스는 허가 없이 시작되지 않도록 사전에 강제성을 띠는 방법이 중요하며, 프로세스를 따르지 않은 공사(작업)에 대해서는 즉시 작업 중지 명령을 해야 한다.

또한, IT 시스템을 활용하여 효율성을 갖게 하는 것도 방법이다. 특히 수급사에서 도급사의 시스템에 접속하여 필요한 정보를 입력하고, 이를 도급사에서 검토하여 승인하면 출력물(허가서)을 얻을 수 있는 IT 시스템적 프로세스가 바람직하다.

그림 2-19 : 공사(작업) 허가서 양식(예시)

<table>
<tr><td colspan="7">사업장 자체 화기작업 허가서(양식, 관리용/게시용)</td></tr>
<tr><td colspan="7">[본 화재위험작업 허가서는 반드시 작업현장에 게시할 것]</td></tr>
<tr><td colspan="7">화재위험작업 허가서
허가일자 년 월 일</td></tr>
<tr><td>작업부서</td><td colspan="6"></td></tr>
<tr><td>작업일시</td><td colspan="6">년 월 일 시부터 시까지</td></tr>
<tr><td>작업장소</td><td colspan="6"></td></tr>
<tr><td>작업내용</td><td colspan="6"></td></tr>
<tr><td rowspan="11">작업현장
안전조치
확인사항</td><td colspan="4">안전조치 요구사항</td><td>안전조치
해당여부</td><td>안전조치
실시여부</td></tr>
<tr><td colspan="4">① 작업준비 및 작업 절차 수립</td><td></td><td></td></tr>
<tr><td colspan="4">② 작업구역 설정(작업장 주위에 경계표지 및 안전표지)</td><td></td><td></td></tr>
<tr><td colspan="4">③ 작업장 주위 인화성 물질 제거(용접방호포 등 방호조치)</td><td></td><td></td></tr>
<tr><td colspan="4">④ 작업장 주위 소화기 비치 및 소화시설 기능 확인</td><td></td><td></td></tr>
<tr><td colspan="4">⑤ 화기작업 중 용접불티, 불꽃 등 비산방지조치</td><td></td><td></td></tr>
<tr><td colspan="4">⑥ 인화성 물질의 증기·가스 환기조치(밀폐공간 강제환기)</td><td></td><td></td></tr>
<tr><td colspan="4">⑦ 작업근로자 화재예방 및 피난 교육 실시</td><td></td><td></td></tr>
<tr><td colspan="4">⑧ 작업 전 및 작업 중 가스농도의 측정</td><td></td><td></td></tr>
<tr><td colspan="4">⑨ 작업근로자 보호구 지급 및 착용여부 확인</td><td></td><td></td></tr>
<tr><td colspan="4">⑩ 용접·용단작업 중 화재감시자 배치 및 방연장비 지급</td><td></td><td></td></tr>
<tr><td>기 타
특별사항</td><td colspan="6">[안전조치 외 주의사항 등 기재]</td></tr>
<tr><td rowspan="2">가스농도
측 정</td><td>가스명</td><td>농도</td><td>측정시간</td><td>가스명</td><td>농도</td><td>측정시간</td></tr>
<tr><td></td><td></td><td></td><td></td><td></td><td></td></tr>
<tr><td>안전조치
확 인</td><td colspan="2">(인)
확인시간 :</td><td>사 업 주
확 인</td><td colspan="3">(인)
확인시간 :</td></tr>
<tr><td rowspan="2">작업승인
연 장</td><td colspan="6">년 월 일 시부터 시까지</td></tr>
<tr><td colspan="6">확인자 : (인) 확인시간 :</td></tr>
<tr><td colspan="7">※ PSM 대상사업장에서는 보고서의 '안전작업허가 및 절차' 또는 KOSHA GUIDE P-94-2017 (안전작업허가지침)을 참고하여 적용</td></tr>
</table>

예방 프로세스-③ : 협력업체 평가하기

언젠가 작은 규모의 공사업체 사장님의 불평을 들은 적이 있다. 주로 대기업 사업장의 수선성 공사 등 소규모 공사를 수행하는 업체였는데, 매번 사업장을 방문할 때마다 안전교육, 보호구 착용, 안전서약서 작성 등 너무 많은 것을 요구받다 보니 일을 진행하기가 너무 어렵다는 불평이었다.

하지만, 이러한 불편 없이 안전을 담보하지 않은 상태에서 작업을 하다가 사고가 발생하면 어떤 결과가 초래될까? 사고 당사자와 소속 회사는 물론이거니와 발주처인 원청사에도 사고에 대한 책임이 따른다. 이러한 책임은 작게는 과태료부터 크게는 기업의 존폐를 흔들 수 있는 상황을 맞이하게 할 수도 있다.

앞서 소개한 공사업체 사장님과 같이 안전은 귀찮은 것이라는 인식부터 바뀌어야겠지만, 중소 · 중견기업이 자체적으로 안전경영활동을 진행하기에 어려움이 있다면 원청사에 도움을 요청하도록 하자. 반대로 원청사(도급사)에서는 수급사의 상황을 고려하여 안전경영활동을 지원해 줄 필요가 있다.

결론적으로 아무리 규모가 작더라도 수급사에서도 기본적인 안전경영활동은 필요하며, 이러한 활동이 적정하게 실행되고 있는지를 원청사에서는 정기적으로 평가하여야 한다. 이러한 내용은 중대재해처벌법에서도 요구되는 사안이다.

그림 2-20 : 협력업체 안전수준 평가서(예시)

■ 협력업체 선정 시 안전보건 평가서

※ 평가 항목에 적용되지 않는 경우 해당 항목은 만점으로 적용하며(8번, 9번 제외), 평가점수 결과는 각 계약담당자가 별도 보관한다.

평가자 : ○○○본부 ○○○팀 홍길동 평가일자 : 20XX년 ○○월 ○○일

평가항목		관련근거	배점	검토 자료
1	산업 재해율	산업안전보건법 제61조 (적격 수급인 선정 의무)	30	산재율 확인서 (회사 기준)
2	안전보건 조직체계 및 책임	산업안전보건법 제25조 (안전보건관리규정의 작성)	10	본사 및 사업장 안전보건 조직도
3	안전보건 교육실행	산업안전보건법 제29조(근로자에 대한 안전보건교육)	10	연간 안전보건 교육 계획서
4	보건관리	산업안전보건법 제129조 (일반건강진단) 산업안전보건법 제130조 (특수건강진단 등)	10	보건관리 계획서
5	위험성평가	산업안전보건법 제36조 (위험성평가의 실시)	20	위험성평가 절차서
6	개인용 보호구	산업안전보건법 제38조 (안전조치) 산업안전보건법 제39조 (보건조치)	10	개인 보호구 지급 절차 및 계획서
7	사고관리 체계	산업안전보건법 제64조 (도급에 따른 산업재해 예방 조치)	10	사고관리 절차서 (사고보고서 양식 및 보고체계)
8	**[가점] 300인 미만 사업장 안전관리자 및 보건관리자 유자격자 선임** - 안전 및 보건관리전문기관 대행 不인정	산업안전보건법 제61조 (적격 수급인 선정 의무)	5	사업장 안전·보건관리자 배치 계획서
9	**[가점] 안전경영시스템 및 위험성평가 인증 여부** - ISO45001 또는 KOSHA-MS 또는 동행인증 등	산업안전보건법 제61조 (적격 수급인 선정 의무)	5	안전보건 관련 인증서

평가 방법
산업재해율 확인서 - 발급처 : 안전보건공단 (https://certi.kosha.or.kr) - 발급기준(평가일 기준) : 최근 1년 또는 직전연도 1년
안전보건 조직도 및 R&R 확인 - 안전보건 관계자 : 현장대리인(안전·보건관리책임자), 안전·보건관리자, 관리감독자
법적 연간 안전보건 교육 계획서 - 대상교육 : 정기/채용 시/작업내용 변경 시/특별교육
연간 보건관리 계획서(코로나 19 등 감염병 예방 등)
위험성평가 절차서 등
개인 보호구 지급 절차서 및 지급계획
사고관리 절차서
안전보건 조직도상 안전 및 보건관리자(자격 사항 포함)
안전보건 관련 인증서

배점기준(등급)		
5	3	1
동종업종 평균산업재해율보다 낮다	동종업종 평균산업재해율과 같다	동종업종 평균산업재해율보다 높다
본사 및 사업장에 안전보건 조직을 갖추고 R&R이 있다	본사 또는 사업장에 안전보건 조직을 갖추고 R&R이 있다	본사 및 사업장에 안전보건 조직이 없다
연간 안전보건 교육 계획 및 교안이 수립되어 있다	연간 안전보건 교육 계획 또는 교안이 수립되어 있다	연간 안전보건 교육 계획 및 교안이 없다
보건관리 계획이 사업장에 맞추어 수립되어 있다	보건관리 계획이 있다	보건관리 계획이 없다
위험성평가 절차서가 있으며, 개정 관리가 되고 있다	위험성평가 절차서가 있다	위험성평가 절차서가 없다
개인 보호구 지급기준 및 관리 계획이 명확히 수립되어 있다	개인 보호구 지급 절차 또는 계획이 있다	개인 보호구 지급 절차 및 계획이 없다
사고관리 절차서가 있으며, 보고체계에 당사가 포함되어 있다	사고관리 절차서가 있으며, 보고체계에 당사가 미포함되어 있다	사고관리 절차서가 없다
안전 및 보건관리자 배치	안전 또는 보건관리자 中 1명 배치	-
안전경영시스템 등 있다	-	-

대응 프로세스-①: 보고와 전파체계 정립

안전경영활동에서 보고와 전파는 타 업무 대비 매우 중요하며, 영향력 또한 크다. 즉, 사건사고 상황에 대한 상향보고와 주요 의사결정 사항에 대한 하향전파는 그 시급성과 정확성이 매우 중요하다. 보고나 전파의 중간 과정에서 정보의 단절이나 왜곡이 발생한다면 신속하고 정확한 대응이 불가하여 사고의 피해를 키울 수 있다.

예를 들어 국가와 국민의 생명과 재산을 보호하는 군대, 경찰, 소방서 등을 생각해 볼 때 이들의 보고 및 전파 프로세스는 매우 체계적이고 효율적이어야 한다.

근로자 누구든 현장에서 유해위험요인을 발견하였거나 사고를 목격하였다면 안전경영 전담부서나 담당자에게 어떻게 전달하여야 할까? 전화나 메일 또는 직접 찾아가서 이야기하는 방법 등이 있으며, 이러한 방법들은 시급성과 정확성 등을 고려하여 판단할 필요가 있다.

시급성이 요구되는 상황에서는 선조치 후보고 하는 방법을 생각해 볼 필요가 있고, 상황에 대한 인지 속도가 중요하므로 전화를 비롯하여 육성전파, 비상벨 등을 고려할 수 있다. 반대로 정확성이 요구되는 상황에서는 글이나 말보다는 현장 사진이나 영상 등을 포함한 구체적인 설명이 필요하다.

또한 보고나 전파 내용은 5W1H(Who, When, Where, What,

그림 2-21 : 비상연락망

소방시설물 현황			
소방안전관리대상물 등급	1급		임대
작동기능점검	대상	미대상	실시일: '00년 0월 00일
종합정밀점검	대상	미대상	실시일: '00년 0월 00일

비상연락망		
구분	기관 및 업체명	연락처
소방서	119안전센터	02) 000 - 0119
응급실	○○대학교 병원	02) 000 - 0000
노동부	지청 산재예방지도과	02) 000 - 0000

지휘 · 통제 책임자
(000)

방재실
책임자 : 000팀 김○○
010 - 0000 - 0000
000팀 장○○
010 - 0000 - 0000
000팀 임○○
010 - 0000 - 0000

현장 대응반
소화조
책임자 : 000팀 이○○
010 - 0000 - 0000
000팀 박○○
010 - 0000 - 0000
통제조
책임자 : 000팀 정○○
010 - 0000 - 0000
000팀 최○○
010 - 0000 - 0000

의료 지원단
책임자 : 000팀 강○○
010 - 0000 - 0000
000팀 조○○
010 - 0000 - 0000
000팀 윤○○
010 - 0000 - 0000

대피 유도반
책임자 : 000팀 황○○
010 - 0000 - 0000
000팀 권○○
010 - 0000 - 0000
000팀 한○○
010 - 0000 - 0000

Why, How) 기준에 의거 빠짐없이 실행하는 것이 중요하다.

대부분의 기업에는 비상연락체계가 수립되어 있다. 하지만, 이를 인지하고 있거나 훈련을 해본 근로자는 많지 않을 것이다. 사고가 발생하면 사람은 패닉상태에 빠지게 마련이고, 평소에 잘 알고 행동하던 일도 쉽게 수행하기 어려워진다. 따라서 사고를 가정하여 비상연락(보고)하는 훈련을 실시하는 것이 필요하다. 또한 이러한 비상연락체계를 누구나 쉽게 확인할 수 있도록 보기 쉬운 장소에 게시하여야 한다.

대응 프로세스-② : 사고대응(Emergency Response)

예방활동을 아무리 잘 수행하였다 하더라도 사고를 완전히 막을 수는 없다. 하지만 발생한 사고의 피해는 최소화할 수 있다. 이를 위해서는 각 사업장의 특성을 반영하여 발생 가능한 사고유형을 구분하고 이에 적절한 대응 프로세스를 수립하여야 한다. 다만, 사고는 매우 다양한 형태를 띠고, 변수도 매우 많으므로 구체적이고 정형화된 프로세스보다는 대략적인 큰 줄기를 수립하고 상황에 맞게 대처하는 프로세스가 적합할 것이라 판단된다.

사고대응 시나리오나 매뉴얼, 절차서 등을 문서화할 때도 최대한 직관적으로 만들 필요가 있다. 누구나 쉽게 이해할 수 있도록 사진을 포함한 형태의 1~2장 분량의 SOP(Standard Operating Procedure)를 만들어 보자. 한 단계 더 나아가 동영상 형태의 시청각 자료를 만들어 활용한다면 더욱 효과적일 것이다.

이러한 발생 가능한 사고에 대해 시나리오를 만들었다면 직접 훈련해 보는 것이 중요하다. 문서 형태로 머릿속에서만 대응하다 보면 실제 상황이 발생하였을 때 우왕좌왕해서 사고의 피해를 키우기 쉽다.

특히 기업마다 자위소방대가 편성되어 있으나 실질적으로 임무 숙지를 하고 있거나 훈련을 통해 대응력을 확보한 경우는 많지 않

그림 2-22 : 미국 ERT 심벌(예시)

다. 따라서 소방 훈련은 최소한 1년에 1회 이상 전체 근로자가 참여한 가운데 실시하는 것이 무엇보다 중요하며, 화재 사고 이외에 발생 가능한 사고유형별 훈련 또한 실시할 필요가 있다.

추가로 기업의 상황을 고려하여 전담 대응부서(ERT; Emergency Response Team)를 운영하는 것도 검토해 볼 필요가 있다. ERT는 모든 비상 상황에 가장 먼저 출동하여 대응하는 임무가 있는 인원들로 구성되며, 통상 방재업무나 소방 · 시설관리 등의 업무를 수행하는 근로자가 맡기도 한다. 만약 별도의 ERT를 운영할 여건이 되지 않는다면 자위소방대처럼 일반 근로자들로 구성된 ERT를 운영하는 방법도 고려할 필요가 있다.

대응 프로세스-③ : 교육훈련

안전경영과 관련된 교육과 훈련은 딱히 즐겁지는 않다. 하지만 교육훈련 방식을 변화시켜 근로자의 관심을 유도하고, 보다 즐겁게 학습되고 오래 유지될 수 있는 방법을 찾아야 한다. 즉, 강의식 교육보다는 VR 체험 등과 같은 실습형 · 참여형 교육훈련을 실시하거나, 동영상 등의 시청각 자료를 최대한 활용하여야 한다.

특히 사고 사례를 통해 근로자의 경각심을 불러일으키는 방법을 활용해 보자. 사고 사례는 해당 기업 또는 동종 업종의 실제 사례로, CCTV 자료 같은 시청각 자료를 활용하는 것이 매우 효과적이다.

니체는 '사람은 망각의 동물이다'라고 했다. 기억보다 망각의 힘을 높게 평가한 것인데 망각을 건강의 한 형식으로 이해했다. 하지만 현대를 살아가는 우리가 기억하고 학습해야 할 것들은 수없이 많다. 특히 안전과 관련된 것들은 누가 강제하지 않더라도 가능한 한 제대로 학습하고 유지해야 한다.

기억과 학습을 담당하는 해마(Hippocampus)의 뇌신경 세포들은 태어나면서부터 조금씩 파괴되기 시작하여 20세 이후엔 파괴속도가 급격히 빨라진다고 한다. 이렇다 보니 교육훈련을 통해 습득된 기억은 쉽게 잊힐 수 있으므로 정기적인 반복 교육이 필요하다. 산업안전보건법에서도 매 분기 정기 안전보건교육을 지속적으로 실시하도록 규정하고 있다.

최근, COVID-19의 영향으로 Off-line 교육보다는 On-line 교육, 특히 e-learning이 보편화되었는데 이는 시행의 편의성, 경제성 등의 장점이 있지만 교육 효과성 측면에서는 지양하는 것이 좋겠다. 기업이나 조직에서 직접 Off-line 교육을 하기 힘들다면 외부 전문기관이나 전문가를 초빙하여 진행하는 방법도 고려해 볼 필요가 있다.

3) 필요환경(EHS Infra) 구축

업무 효율성 측면에서 필요환경(Infra)이 갖추어진 정도의 차이에 따라 업무추진의 질적 · 양적 수준 또한 크게 차이가 난다. 예를 들어, 사고보고서를 작성하여 결재를 득하는 경우, PC를 활용하여 문서작성을 하고 전자결재 프로세스를 이용하면 그렇지 않은 경우와 비교하여 업무추진 속도나 품질 면에서 월등한 차이를 보일 것이다.

따라서, 유용한 인프라의 구축은 기업경영에 있어서 혈관과 같은 역할을 한다. 안전경영 측면에서도 적정 수준의 인프라 구축이 필

그림 2-23 : EHS Infra

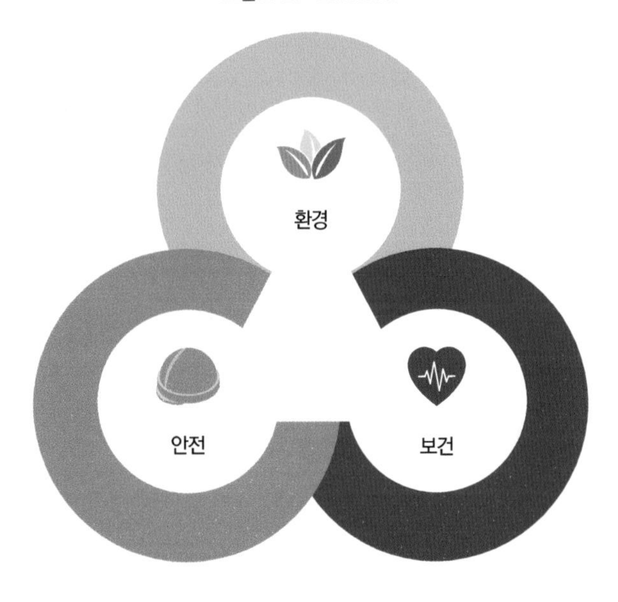

수이며, 관련 EHS 인프라는 종류와 방식은 매우 다양하나 기본적으로 갖추어야 할 것 위주로 소개하고자 한다. 다만, 기업의 상황에 따라 필요환경의 구축범위 및 규모 등은 선택과 집중이 필요하다.

IT System

안전경영 업무를 수행하기 위해서는 각종 신고 · 허가 서류를 비롯하여 법적 요구사항을 충족하기 위한 보고서, 회의록 등 갖추고 보관해야 할 자료가 생각보다 많을 것이다. 이러한 중요한 자료의 분실이나 훼손으로 낭패를 보는 경우도 많고, 안전경영 담당자 변경 시 과거 자료의 인수인계가 제대로 이루어지지 않아 불필요한 시간과 노력이 요구되기도 한다. 이를 해결하기 위해 각종 서류와 안전경영활동 증빙자료를 시스템화하는 방법을 고려해 보자.

IT System을 활용하면 앞서 이야기한 자료의 보관 편리성은 물론이거니와 업무를 수행하는 과정 중에 시간적 · 공간적 제약을 줄일 수 있으므로 업무의 효율성을 높일 수 있다. 또한 안전경영 담당자뿐만 아니라 전체 근로자가 시스템에 쉽게 접근하여 안전경영과 관련한 각종 업무(예를 들면, 위험성 평가와 작업허가 등)를 쉽게 처리할 수 있다.

그림 2-24 : Smart Safety

통상 EHS IT System에 포함되는 기능들은 각종 법적 근거 자료의 취합 · 보관 기능, 안전작업허가 업무 기능, 위험성평가 업무 기능, 각종 점검 및 진단 관리 기능, 근로자 보건관리 기능, 근로자 의견청취 기능 등이 있다.

이러한 기능들을 웹상에서 처리하여 신속성, 정확성, 편리성, 안정성, 준법성 등의 장점을 얻을 수 있으며, 더욱이 웹 버전의 기능들을 모바일 폰에서도 동일하게 구현한다면 더욱 신속하고 편리하게 업무를 추진할 수 있다.

대부분의 대기업은 자체 개발한 시스템을 활용하여 업무의 신속성과 효율성, 편의성을 확보하였으며 각종 안전경영활동 결과물에 대한 안정성과 준법성, 정확성을 확보하였다.

다만, 중소 · 중견기업의 경우 IT System을 자체 개발할 여력이 안 되는 경우가 많으므로 이러한 경우 정부 주도의 범용 System을 활용해 보는 것도 좋은 방법이다.

상황실 및 비상대책위원회 운영

화재 · 폭발사고 등 비상 상황이 발생하면 당사자는 물론이거니와 주변인 또한 당황하게 된다. 이러한 경우 신속하고 적절한 대응이 어려워 사고의 피해를 키울 수 있다. 따라서, 이러한 경우를 대비하여 앞서 설명한 적절한 시나리오를 준비하고 평상시 교육훈련이 되어 있어야 한다.

이에 추가하여 사고의 경중을 판단하여 비상대책위원회를 가동해야 한다. 사전에 개인별 · 부서별 R&R을 구체화하고 숙지한 상태에서 비상상황 발생 시 신속히 비상대책위원회 위원들을 소집하여 신속한 의사결정과 적절한 대응을 하여야 한다.

또한 별도의 상황실을 구축하고 사고 현장을 지휘하는 것은 물론이거니와 관공서 · 유가족 등에 대한 대응도 수행하여야 한다.

물론 여건이 된다면 상황실은 평상시에도 운영하여 각 사업장의 안전경영활동을 모니터링하거나 안전경영과 관련된 주요 의사결정을 하는 장소로 활용하도록 한다.

특히, 최근 활성화된 화상회의 등의 방법으로 Body Camera 등을 활용한 사고현장과의 즉각적인 교신으로 신속하고 정확한 대응이 가능하다.

유니폼의 장점

군인이나 경찰 등은 유니폼을 착용한다. 업무 특성상 규율과 통제가 필요하기 때문이며 다른 한편으로, 유니폼을 착용함으로써 시인

그림 2-25 : 상황실과 위기대응활동

위기 대응 단계	사고 기준			대응 주관	비상대응 활동
	등급	인사사고	화재/환경사고		
심각 단계	A	중대재해 발생	·화재/폭발에 따른 작업중단(1시간 이상) ·유해물질 외부누출에 따른 인적/물적 피해 및 대관 점검 발생	전사 차원	■ 위기대응 비상대책위원회 가동 - 보고 체계 일원화(비상대책위원회 - 사고현장) - 신속한 의사결정 - 유관기관(대관, 언론 등) 대응
경계 단계	B	산업재해 발생	·화재/폭발에 따른 작업중단(1시간 미만) 또는 소방서 출동 진화 ·유해물질 외부누출 또는 내부누출에 의한 인적/물적피해 발생	안전부서 차원	■ 현장 대응/지원 체계 운영(EHS 상황실 가동) - 사고 접수(현황파악)/전파 - 현장 대응(사고 대응 및 확산 방지) 및 지원 - 인력, 장비 Pool을 통한 대응 및 지원 - 위기상황 상향 여부 판단 - 비상대책위원회 소집 검토
관심 단계	C	B급 미만 경미 재해 발생	·B급 미만 자체 조치 가능 사고	현업부서 차원	■ 리스크 모니터링/예방 활동(EHS 상황실 연계 모니터링) - 리스크(사건/사고/재난) 분석 및 발굴을 통한 예방활동 - 예방활동 강화 공지, 시설/설비 점검 요청 등 - 비상대응 매뉴얼/시나리오 개발, 정비 및 정기 훈련 등

성을 높이는 효과를 고려해 볼 수 있다. 즉, 일반인들이 유니폼을 보고 쉽게 군인, 경찰임을 확인할 수 있어서 빠른 도움 요청이 가능하다. 또한 유니폼을 착용한 사람은 행동에 주의를 기울이기도 한다.

따라서, 안전경영 전담 인원이 유니폼을 착용한다면 이러한 목적을 달성할 수 있을 것이다. 과거 안전 관계자임을 알리기 위해 완장을 차거나 모자를 착용했던 방법과 동일한 목적이다.

유니폼은 눈에 잘 띄는 색상이나 디자인을 적용하고, 안전경영 전담 인원임을 표현하는 로고나 표시를 하는 것이 좋다.

유니폼 제작이 어렵다면, 배지나 리본 등 간단하지만 안전경영 전담 인원임을 알 수 있는 방법을 강구해 보자.

그림 2-26 : 안전경영 전담 인원 유니폼 또는 기타 방법

기본 대응 장비 구비와 교육실습실

화재 초기 소화기 하나로 막을 수 있는 사고도 정상적으로 작동되는 소화기 하나가 없어 자칫 대형화재로 이어질 수 있다. 비단 소화기뿐만 아니라 비상상황 발생 시 즉시 사용 가능한 장비가 준비되어 있어야 사고 초기 단계에서 피해 규모를 줄일 수 있다.

이러한 비상대응 장비들은 사고 유형에 따라 구비해야 하는데 예를 들어 산성 또는 염기성 약품을 취급하는 사업장에는 중화제를 비치한다거나, 주수소화가 불가능한 금수성 물질 등을 취급하는 장소에는 마른 모래를 준비하는 방법 등이다.

이러한 기본적인 사고대응 장비를 구비하였다면, 사용 방법 등에 대한 교육훈련이 필요하다. 사고 발생 시 패닉 상태가 될 수 있으므로 평상시 교육훈련을 통해 정확히 습득하고, 사고 시 빠르고 정확하게 대응해야 한다.

최근 심정지에 의한 사망사고가 빈번히 발생되고 있으며, CPR (Cardiopulmonary Resuscitation, 심폐소생술)을 통해 심정지 환자를 살리는 경우도 쉽게 접할 수 있다. 이러한 상황을 고려할 때, 임직원을 대상으로 CPR 교육 실시를 검토해 보자.

기업 내 교육 실습을 위한 설비 등 여건이 여의치 않으면 가까

운 119센터나 지방자치단체 안전체험장 등에서 진행하거나 지원하는 교육을 활용하는 것도 좋은 방법이다.

그림 2-27 : CPR Training

2.

Level-up 단계

통상 운동선수의 실력은 열심히 노력한다고 해서 시간에 비례하여 증가하지는 않는다. 즉, 일정 수준에 머무르다가 어느 순간 한 단계 성장하는 계단 모양의 형태를 보인다. 그렇다 보니 오랜 시간을 노력함에도 불구하고 더 이상 실력이 향상되지 않는다는 생각에 포기하는 경우가 발생하는데, 이를 잘 극복하고 지속적인 노력을 한다면 다음 단계로의 Jump-up이 가능하다.

안전경영도 마찬가지다. 꾸준한 일상적인 관리를 통해 안전수준을 지속 유지하고, 개선 활동을 통해 안전수준을 한 단계씩 높여야 한다. 만일 일상적인 관리를 하지 않는다면 안전수준은 다시 낮아질 것이고, 개선 활동 없이 일상 관리만 한다면 더 이상의 수준 향상은 기대하기 어렵다. 즉, 꾸준한 일상 관리와 함께 개선 활동을 통해 Level-up을 도모하여야 한다.

안전경영 수준 향상을 위해 ① 인증제도를 활용하고, ② 안전문화를 확산하고, ③ 업무역량을 향상시켜 보도록 하자.

그림 2-28 : 계단형 Level-up

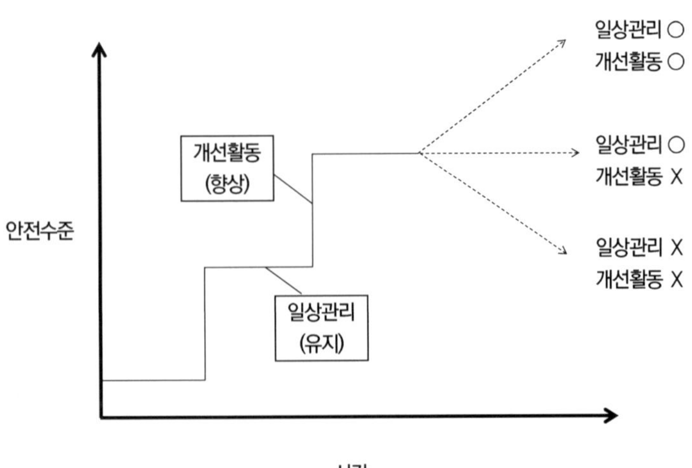

1) 인증제도 활용하기

안전보건경영시스템 인증

인증제도를 통해 기업의 안전경영 수준을 평가하고, Set-up 활동의 결과를 확인할 수 있다. 또한 인증받기 위한 활동을 수행하다 보면, 자연스럽게 기업의 안전경영 수준을 한 단계 더 Level-up 할 수 있다.

그림에서 보는 바와 같이, 안전보건기술을 활용한 기본적인 Set-up 활동을 하였다면, 안전보건시스템을 활용한 Level-up 활동을 추진해 보자.

그림 2-29 : 산업안전보건 패러다임 변화

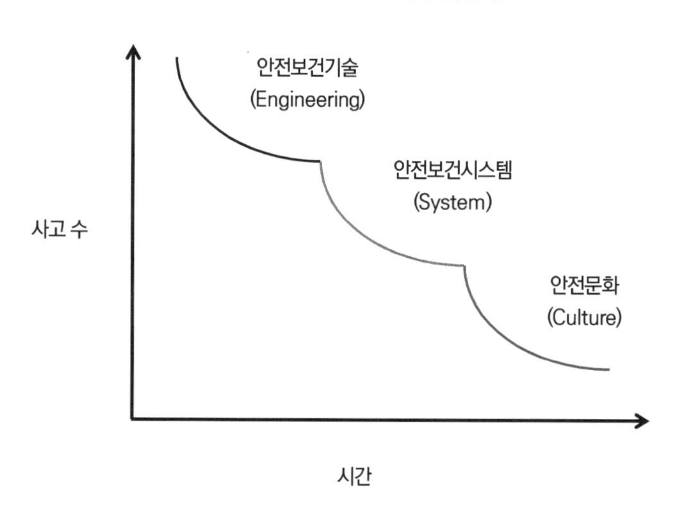

다만, 인증제도 수행에 있어 주의할 점은 단순히 문서작업 등 일회성 활동에 그쳐서는 안 된다는 것이다. 처음 인증받기 위해 각종 시스템을 정비하고, 문서화하는 등 여러 활동을 수행하는데, 인증에 통과하고 나면 다음 재인증까지 활동이 중단되는 사례가 많다.

여기서 중요한 것이 앞서 설명하였던 환류시스템(PDCA Cycle)이다. 즉, 인증 준비 과정에서 수립한 체계가 적합한지, 제대로 적용되는지를 확인하여 개선하고 다시 실행해 보는 과정을 연속적으로 수행하여야 한다.

인증제도의 종류는 매우 다양하며, 기업이나 조직이 속한 분야 등을 고려하여 적합한 인증제도를 추진해 볼 필요가 있다. 인증을 준비하는 자체만으로도 많은 발전이 있겠지만, 인증을 통해 안전경영에 대한 경험과 자신감을 확보해 보자.

안전보건경영시스템 인증

안전보건경영시스템(OHSAS; Occupational Health and Safety Assessment Series)은 산업재해를 예방하고 최적의 작업 환경을 조성·유지할 수 있도록 모든 직원과 이해관계자가 참여하여, 기업 내 물적·인적 자원을 효율적으로 배분하여 조직적으로 관리하는 경영시스템을 말한다. 이는 안전경영과 관련된 가장 일반적인 인증제도로 국제적으로 통용되는 인증이다.

이를 국내 실정에 맞게 수정 · 보완한 것이 KOSHA-MS(Korea Occupation Safety & Health Agency-Management System)이다. 사업주가 자율경영방침에 안전보건정책을 반영하고, 이에 대한 세부 실행지침과 기준을 규정화하여, 주기적으로 안전보건계획에 대한 실행 결과를 자체평가 후 개선토록 하는 등 재해예방과 기업손실감소 활동을 체계적으로 추진토록 하기 위한 자율안전보건체계를 말한다. KOSHA-MS는 기존의 KOSHA18001과 ISO45001을 접목한 안전보건경영 인증시스템으로, 안전보건공단에서 산업안전보건법의 요구조건과 국제표준 기준체계 및 국제노동기구(ILO) 안전보건경영시스템 구축에 관한 권고를 반영하여 독자적으로 개발한 안전보건경영체계다.

KOSHA-MS 인증을 통해 국제적 통용 수준의 안전보건경영시스템을 구축하고, 사업장의 자율안전보건체계를 추진하여 안정적이고 지속적인 안전관리를 실현할 수 있다. 또한 과학적 위험성 평가기법 도입으로 체계적인 위험관리체계를 구축할 수 있으며, 재해와 작업손실의 감소로 재해보상액 감소, 생산성 및 품질향상, 근로자 복지개선에 기여할 수 있다.

그림 2-30 : OHSAS & KOSHA-MS

직업안전위생국(미국 노동성 산하)

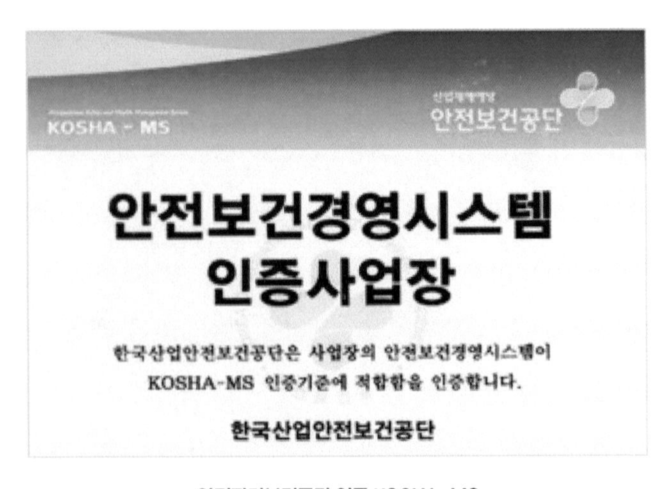

안전관리보건공단 인증 KOSHA-MS

공인인증제도 취득

ISO나 KOSHA 인증제도 이외에도 정부 또는 민간 주도하의 많은 인증제도가 있다.

공간안전인증제도는 소방청의 감독하에 있는 한국안전인증원에서 주관하는 인증제도로 안전을 중시하는 기업문화를 정착시키고, 국민들의 안전에 대한 불안을 해소하기 위해 기획 · 운영되는 제도이다.

안전관리 우수연구실 인증제도는 정부가 대학이나 연구기관 등에 설치된 과학기술 분야 연구실의 자율적인 안전관리 역량을 강화하고, 안전관리 표준모델의 발굴 · 확산 등을 위해 연구실의 안전관리 수준 및 활동이 우수한 연구실에 대하여 전문가 심사를 통해 인증을 부여하는 제도다.

또한, 우리 주변에서 쉽게 찾아볼 수 있는 것이 KC(Korea Certification) 마크다. 이 마크는 우리 일상생활 가운데 사용하는 물품들을 국민의 안전을 위해 법적으로 강제한 '국가 인증 통합마크'를 의미한다. KC 마크는 부처마다 다르게 사용하던 안전 · 보건 · 환경 · 품질 등과 관련된 13개의 법정 강제인증마크를 2009년 7월 1일부터 통합 · 단일화하여 국가통합 인증마크로서의 역할을 하고 있다.

이와 비교하여, 방호장치 · 보호구 안전인증제도(KCs 마크, 이하 '안전인증'이라 함)는 위험기계 · 기구의 방호장치와 유해 · 위험한 작업장에서 근로자가 착용하는 보호구가 설계 · 제작단계에서부터 근원적 안전성이 확보되도록 함으로써 근로자의 안전과 건강을 보호하여 산업재해를 예방하기 위한 제도다.

즉, 일상생활 용품에 대한 안전인증은 KC 인증이며, 산업안전보건법상 근로자 보호를 위한 방호장치 및 보호구에 대한 인증은 KCs 인증이다.

이 밖에도 한국전기안전공사에서 시행하는 '전기안심건물인증제도', 교육시설법에 의한 '교육시설안전인증제도' 등 종류가 매우 다양하고 생소한 인증제도도 많다.

그림 2-31 : KC, KCs 마크

공산품
안전인증

공산품
자율안전확인

어린이
보호포장

승강기
인증마크

전기안전
인증마크

고압가스용품
안전검사

방송통신기기
인증

에너지소비
효율등급

정수기품질
검사

방호장치 및
보호구
안전 인증

가스용품
검사

계량기 검정

소방용품
형식승인

KC마크

2) 안전문화 확산하기

안전문화를 단기간 내 형성하거나 향상시키기는 어렵다. 예를 들어 지금은 자동차에 탑승하면 자연스럽게 안전벨트를 착용하지만 이러한 문화가 정착되기까지 많은 시간이 소요되었다. 긴 시간 동안 지속적인 캠페인 활동과 과태료부과 등의 방법을 통해 지금의 수준까지 올 수 있었다.

한편, 단시간 내 효과적인 안전문화를 구축하기 위해서는 초기에 강제성을 띠는 방법이 좋다. 패널티 제도와 같이 직접적으로 통제하는 방법을 활용하거나, 경영진이 직접 안전경영의 중요성을 강조하고 주기적으로 확인하다 보면 임직원들의 관심과 행동은 바뀔 것이다. 즉, 당근과 채찍 중 초기에는 채찍의 방법이 더 효과적이라 할 수 있다.

다만, 이렇게 타의적으로 형성된 안전문화는 지속성이 떨어진다. 즉, 언제 다시 후퇴할지 모른다. 결국 시간이 걸리더라도 근로자가 자발적으로 안전에 대한 인식을 바꾸고 적극 참여할 수 있는 분위기를 조성하고 포함시키는 방법을 고민하여야 한다.

그림 2-32 : DuPont의 Bradley Curve

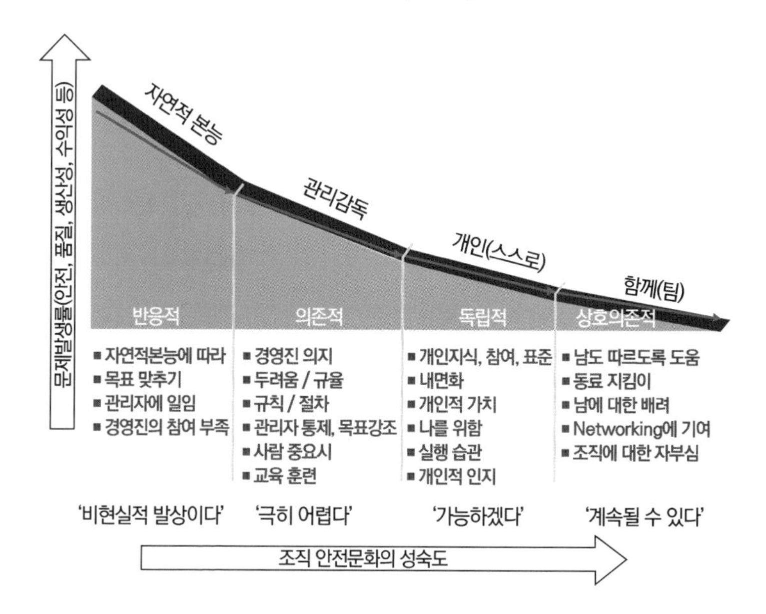

'Bradley Curve'는 듀폰(DuPont)에서 안전문화 발전 단계를 4단계로 구분한 모형이다.

1단계(Reactive)는 조직구성원의 본능에 의해 안전관리가 되는 수준, 2단계(Dependent)는 안전 법규나 규정 등 관리감독자에 의해 안전관리가 되는 수준, 3단계(Self)는 조직구성원 스스로가 본인의 안전을 능동적이고 창조적으로 활동하는 수준, 4단계(Interdependent)는 팀이 중심이 되어 팀원이 구성원 서로의 안전을 챙겨 주는 수준이다.

초기 Set-up 수준의 기업이라면 1, 2단계에 있겠지만, Level-up 활동을 통해 3, 4단계로 수준을 끌어올려 보자.

조직문화활동과 연계

민족, 국가, 지역, 회사, 가문 등 일정한 조직 단위에는 '문화'라는 것이 있다. 문화라는 용어를 한마디로 정의하기는 쉽지 않지만 개인의 성격이나 가치관과 같이 그 조직이 갖는 고유한 특성이라 생각해 볼 수 있다. 이러한 문화는 단기간에 형성되기 어렵고 오랜 시간에 걸쳐 형성되므로, 큰 방향성을 갖고 장시간 투자가 필요하다.

안전경영과 관련된 안전문화는 큰 범주 안에서 그 기업의 기업문화나 조직 문화의 한 축이다. 따라서, 기업의 조직 문화를 바탕으로 중장기적 관점에서 안전문화를 구축해 나가야 한다.

즉, 안전문화활동을 조직문화활동과 구분 짓지 말고 큰 틀 안에서 조직문화활동 중 일부라는 생각으로 안전문화가 자연스럽게 녹아든 조직 문화를 전개해 나가야 한다.

그러기 위해 정기적 · 비정기적인 행사나 이벤트 등을 통해 안전경영과 관련된 사항을 구성원들에게 지속적으로 노출시키는 것이 중요하다. 표어 · 포스터나 플래카드 부착, 안전문화의 날 행사

그림 2-33 : 안전문화의 날

등 구체적인 실행 방법을 매우 다양하게 진행할 수 있다. 다만, 안전문화의 실행 방법은 기업의 규모 등을 고려하여 작은 것부터 시작하도록 하자.

스티븐 코비는《성공하는 사람들의 7가지 습관》에서 "생각은 행동을 낳고 행동은 습관을 낳고 습관은 운명을 바꾼다"라고 했다. 조직구성원들이 안전경영에 대한 생각을 바꾸고 습관화하는 데까지 시간은 걸리겠지만 지속적으로 진행한다면 분명 긍정적인 안전문화가 정착될 수 있다.

이때 일정 기간 단위의 목표와 실행계획을 수립하여 수행하고, 모니터링을 통해 안전문화 수준의 변화 정도를 파악해 보는 것이 좋다.

안전문화와 익숙해지기

모든 것이 처음이 어렵다. 기존에 하지 않던 것들과 익숙해지려면 좀 더 시간이 필요하다. 처음에는 어색할 수 있지만 지속적으로 반복하다 보면 익숙해지는 활동, 끊김 없이 지속적으로 할 수 있는 활동을 해보자. 예를 들어 회의 시작 전 안전과 관련된 주제를 갖고 3~5분 정도 대화한 후에 회의를 시작하거나, 월례회의처럼 전체 임직원을 대상으로 하는 행사 전에 안전 관련 영상을 함께 시청해 보는 것은 어떨까?

이렇게 자주, 반복적으로 노출하는 것이 중요하다. 노출의 세기도 중요하지만 횟수를 높여 부지불식간에 안전문화가 자연스럽게 스며들도록 하여야 한다.

안전문화에 노출시키는 방법과 콘텐츠는 매우 다양하여 조금만 고민해 보면 우리 기업이나 조직에 적당한 방법과 콘텐츠를 찾아

낼 수 있을 것이다.

중요한 것은 구성원들의 참여 유도다. 앞서 예로 든 회의 전 안전토크 참여나 행사 전 영상물 시청 후 간단한 소감 발표 등, 안전문화 활동에 구성원들을 어떻게 참여시킬지를 고민하여야 한다.

콘텐츠는 처음부터 무겁고 어려운 주제보다는 일상생활에서 필요한 안전 관련 정보부터 가볍게 시작하는 것이 좋겠다. 이후 점진적으로 안전문화 수준을 향상시킬 수 있는 전략을 수립하여 주제를 담은 콘텐츠를 개발해 보자. 직접 개발이 어렵다면 기존 콘텐츠를 활용하는 방법을 고민해 보는 것도 좋다. 각종 미디어나 전문기관에서 제작하여 유 · 무료로 제공되는 콘텐츠를 검토해 보자.

미디어 활용하기

MZ세대는 활자보다는 영상에 익숙하다고 한다. 또한 지켜보기보다는 적극적으로 참여하는 성향이 있다고 한다. 따라서 안전경영과 관련된 영상물을 근로자가 직접 제작해 보고 이를 공유하는 콘테스트 등을 고려해 볼 수 있다.

과거 표어나 포스터 등과 같은 사내 공모전을 통해 진행하던 단계에서, 이제는 근로자가 직접 UCC(User Created Contents, 사용자가 직접 제작한 콘텐츠, 요즘 유행으로는 "짤" 등의 형태)를 제작하여 공유하고 우수 사례도 선정하여 안전문화 정착을 위한 교보재 등으로 활용하는 단계로 발전하고 있는 것이다.

이러한 활동이 어렵다면, 유튜브 등에서 안전문화와 관련된 영상을 찾아 적극적으로 활용해 보자. 유튜브뿐만 아니라 안전보건공단 등에서 제공하는 무료 동영상 콘텐츠도 매우 나양하게 접할 수 있으니 이러한 미디어를 적극 활용해 보자.

몇 년 전 방문했던 MIT에서는 학생들이 실험과정 중 지켜야 할 안전 수칙이나 사고 사례 등을 직접 제작하여 학교 커뮤니티에 올리고, 이를 교보재로 활용하고 있었다.

글이나 말로 설명하기보다는 미디어를 활용한다면 근로자의 관심도와 몰입도 측면에서 매우 효과적일 것이라 생각한다.

3) 업무역량 향상하기

경영진의 역량은 리더십으로, 전담 인력의 역량은 안전경영의 수준으로, 근로자의 역량은 안전문화로 귀결된다고 할 수 있다.

안전경영과 관련하여 경영진의 리더십을 발휘하기 위해서는 경영진 스스로 안전경영의 중요성을 인식하고, 임직원에게 반복적으로 강조하는 것이 중요하다. 그러기 위해서 경영진은 기본적인 안전관련 법규에 대한 이해와 안전경영 전담부서의 조언을 청취하거나 권한 위임을 통해 안전경영활동이 활발히 추진되도록 하여야 한다.

그림 2-34 : 경영진/전담 인원/근로자 필요 역량과 향상 방법

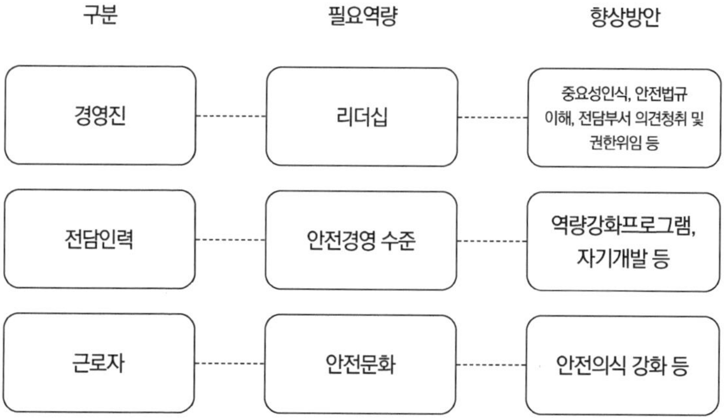

구분	필요역량	향상방안
경영진	리더십	중요성인식, 안전법규 이해, 전담부서 의견청취 및 권한위임 등
전담인력	안전경영 수준	역량강화프로그램, 자기개발 등
근로자	안전문화	안전의식 강화 등

전담인력은 조직적 차원의 업무역량 강화 프로그램을 진행하는 것도 중요하지만 개개인이 자신의 역량 개발을 위한 노력이 무엇보다 중요하다. 또한 안전경영 업무 범위가 안전은 물론이거니와 보건, 기계, 전기, 가스, 생물, 소방 등 매우 다양하므로 특정 분야에 집중하기보다는 전반적인 역량 수준의 향상이 필요하다.

근로자의 역량인 안전문화는 앞에서 기술한 내용으로 갈음하고, 경영진과 전담인력의 역량향상에 대해 검토해 보자.

현장에 답이 있다

경영진의 의지와 노력에도 불구하고, 현장 리더의 의지와 이행 역량이 미흡하다면 안전경영 추진 속도는 더딜 것이며, 사고 발생 우려도 높을 수밖에 없다.

따라서 경영진이 현장을 자주 방문하여 안전경영 관점의 활동(안전 점검, 의견 청취 등)을 이행하는 것이 매우 중요하다. 경영진의 잦은 현장 방문 자체만으로도 많은 변화를 이끌어 낼 수 있는데, 현장에서는 경영진 방문에 맞추어 자체 현장점검 등을 통해 개선 활동을 수행하기 때문이다.

경영진에 의한 수동적인 활동보다는 현장 리더인 각 사업장의 안전보건관리(총괄)책임자, 관리감독자가 능동적으로 역할수행을 할 수 있도록 하는 것이 매우 중요한데, 이들이 현장 안전경영에 대한 의지를 갖고 역량을 높이는 방법이 필요하다.

즉, 이들이 현업에 밀려 안전 업무 수행을 등한시하거나 부수적인 일로 치부하지 않도록 하여야 한다. 안전경영에 대한 Mind-set을 강화하거나 잘 몰라서 수행하지 못하는 부분이 발생하지 않도록 전담부서 또는 전담자의 적극적인 지원이 필요하다.

여러 사업장을 운영하는 기업이라면 이들 안전 관계인들이 정기적으로나, 비정기적으로 모여 의견을 교환할 수 있는 장을 마련해 주는 것이 필요하다. On/Off-line으로 정보 교류와 교육이 병행되도록 하고, 이들을 위한 안전경영 직무상담 프로세스를 마련하거나 상호 벤치마킹 등을 시행하는 것이 좋겠다.

또한, 안전경영 전담 인원은 책상에 앉아 안전경영을 기획하고 운영할 것이 아니라 현장을 살펴보고 대응한다면 이론으로만 알던 전문지식을 실무를 통해 더 효과적으로 향상시킬 수 있다. 정기적인 현장 방문 및 지원 활동을 계획하고 지속적으로 실행한다면 현장의 호응을 얻을 수 있을 것이며, 안전관리 업무수행이 한결 더 수월할 것이다.

개인 업무역량 강화

안전경영 조직의 중요성은 독립성과 전문성이다. 독립성은 조직적 관점에서, 전문성은 개인적 관점에서 접근할 필요가 있다. 조직에 대한 내용은 Set-up 단계에서 기술하였으니 개인적 관점의 전문성 향상에 대해 검토해 보자.

전문성이란 사전적 의미로 '어떤 영역에서 보통 사람이 흔히 할 수 있는 수준 이상의 수행 능력을 보이는 것'으로 학자들은 전문성이 매우 장기적이고 체계적인 훈련을 통해 획득할 수 있다고 한다. 따라서, 전문성을 기르기 위해서는 장기적이고 체계적인 훈련이 필요하다. 다만, 기업이나 조직에서 장기적이고 체계적으로 훈련을 하기에는 시간적 · 비용적 문제가 발생할 수 있으므로, 사외 교육훈련 과정을 활용하거나 개인이 스스로 꾸준한 자기 계발을 통해 향상시킬 수 있도록 지원해야 한다. 물론 육성이 어렵다면 전문가를 채용하는 방법도 고려해 보아야 한다.

'평생직장'이라는 개념이 사라진 현대를 살아가는 직장인이라면 '평생교육'을 통해 개인의 전문성을 향상시키고, 항상 기업이나 조직에서 필요로 하는 위치에 있어야 하겠다.

이해관계자 관리 역량

'꽌시'는 '관계(關係)'를 뜻하는 중국어다. 중국에서의 비즈니스를 이야기할 때 한국인의 머릿속에 가장 먼저 떠오르는 단어일 것이다. 다만, 많은 한국인이 생각하는 것처럼 단순히 중국 관리들의 부정부패와 관련된 인맥을 의미하지는 않는다.

꽌시는 관(關)의 '관계하다, 닫다'와 계(係)의 '이어 매다, 묶다'의 두 의미가 합쳐진 단어다. 즉, 일정한 테두리 안에서 서로가 연결돼 일종의 'Win-Win 관계'로 발전한 인적 네트워크를 뜻한다. 동양 사상에 기반한 우리나라의 정서에도 이러한 관계 문화는 매우 익숙하다. 즉, 사회생활에 있어 사람 간의 관계 관리는 매우 중요하다.

가족 간에도 사소한 다툼으로 돌이킬 수 없는 상황에까지 갈 수 있는데 하물며 갑 · 을 관계가 존재하는 사회생활에서는 두말할 나위 없이 관계의 중요성이 크다고 할 수 있다.

안전경영에서도 이해관계자들의 관리가 필요하다. 단순히 관공서나 고객사의 실무자 비위를 잘 맞추라는 것이 아니다. 최소한 실무 담당자가 해당 업무에 영향을 미치는 이해관계자 현황 정도는 알고 있어야 하고, 그 사람의 관심사 정도만 알고 있어도 원만한 대화를 시작할 수 있지 않을까?

따라서, 이러한 이해관계자를 List-up 하고, 정기적이든 비정기적이든 가능한 범위 내에서 Win-Win 할 수 있는 인적 네트워크를 형성하여야 한다.

넓은 범위에서 이해관계자에는 현장의 관리감독자나 일반 오퍼레이터도 해당될 수 있다. 이들이 안전경영의 최일선에 있는 사람들이고, 이들이 기민하게 움직여야 안전경영활동은 탄력을 받을 수 있다. 이들과의 '꽌시'를 잘 형성해 보자.

그림 2-35 : 꽌시 = Win-Win

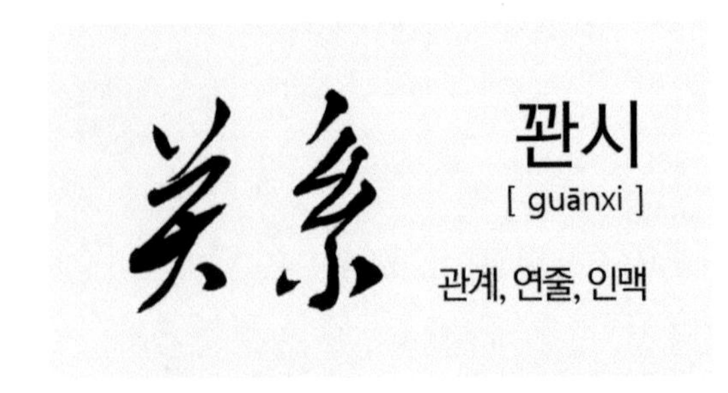

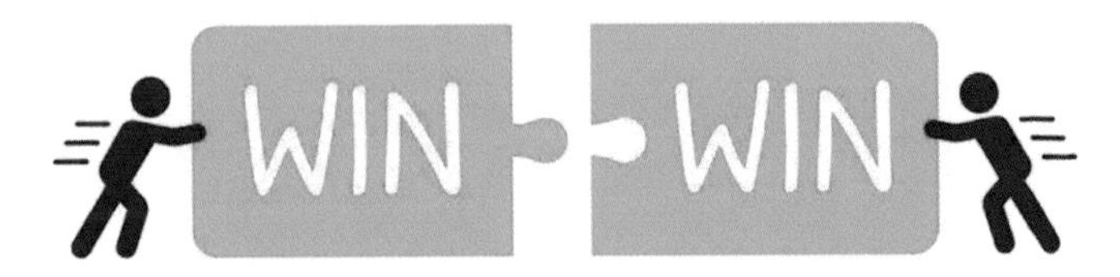

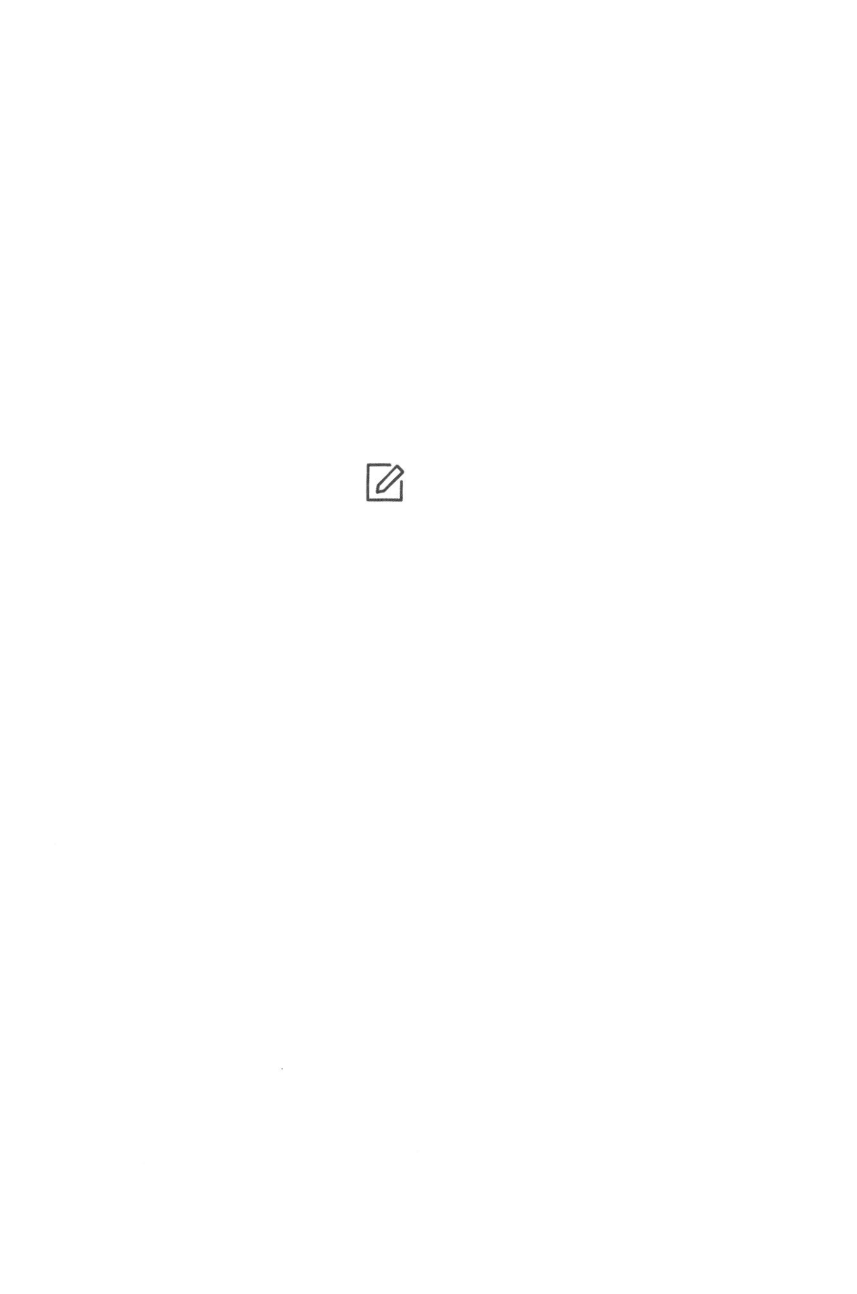

3.

Firm-up 단계

‘비가 온 후에 땅이 더욱 굳는다’라는 말이 있다. 힘들었지만 Set-up 단계와 Level-up 단계를 잘 거쳐 왔다면 기업의 안전경영 수준은 많이 향상되어 있을 것이고, 이를 더 확고히 다지는 단계가 남아 있다.

사실 제일 어려운 단계이지만, 아직 Set-up 단계이거나 Level-up 단계의 활동을 전개하고 있더라도 Firm-up 단계의 활동을 일부 수행하여 이미 성취된 전(前) 단계의 활동들을 확고히 하고 환류시스템을 통해 개선해 보자.

Set-up 단계에서는 경영책임자의 강력한 드라이브(관심과 지원)가 중요하고, Level-up 단계에서는 전담조직의 전문성 발휘가 중요하다면, Firm-up 단계에서는 근로자의 자율참여가 매우 중요하다.

따라서, 안전경영활동 Firm-up을 위해 ① 자율참여를 유도하고, ② 변화 관리를 유지해 보자.

그림 2-36 : 단계별 추진 원동력

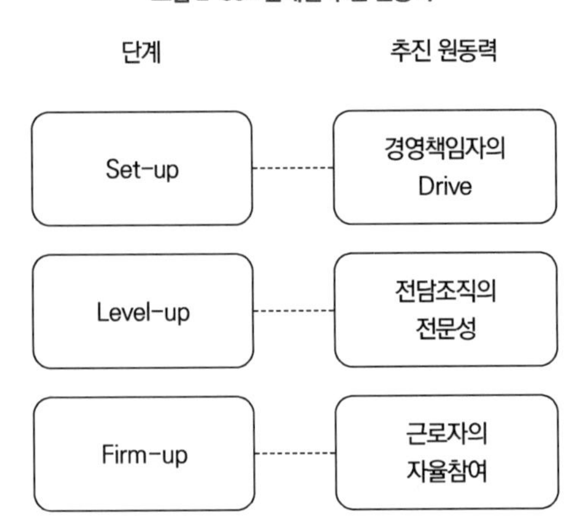

1) 자율참여(Self-motivation) 유도하기

자율안전체계 구축

자율이란 '남의 지배나 구속을 받지 아니하고 자기 스스로의 원칙에 따라 어떤 일을 하는 것'을 말한다. 따라서 자율안전체계는 근로자 스스로가 안전한 근로 환경을 확보하는 활동이나 제도 등을 의미한다.

이러한 자율안전체계를 위해서는 안전문화활동을 통해 어느 정도 성숙된 분위기 속에서 근로자 개개인 스스로가 안전을 최우선으로 생각하고 행동하는 것이 필요하다. 하지만, 인간은 기계와 달리 입력된 값에 따라 1년 365일 동일한 결과를 보이지는 않는다. 그렇기 때문에 자율안전체계가 지속되려면 높은 수준의 안전문화가 정착되어야 하고, 높은 수준의 안전문화를 위해서는 안전경영과 관련된 많은 기준과 원칙에 대해 근로자가 충분히 이해하고 거부감 없이 자연스럽게 이행하는 것이 선결되어야 한다.

그러므로, Level-up 단계에서 안전문화활동을 진행할 때에도 자율안전체계 구축을 염두에 두어야 하며, Set-up 단계에서 운영체

그림 2-37 : 자율안전체계

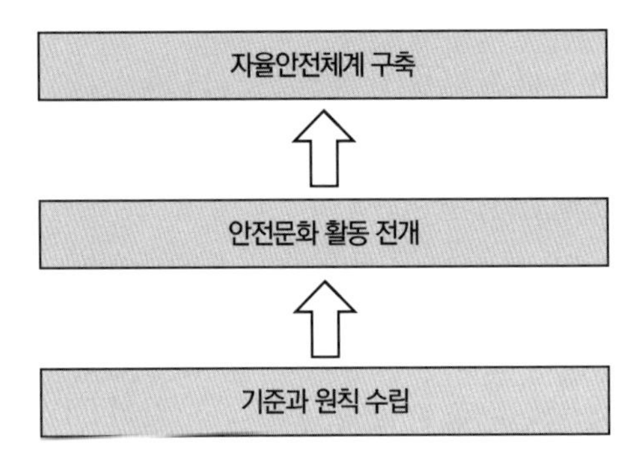

계를 수립할 때에도 역시 자율안전체계를 위한 기준과 원칙 수립이 중요하다.

이러한 측면에서 보면, 안전경영과 관련된 기준과 원칙을 수립하고, 이를 안전문화 활동으로 전개하여 궁극적으로 이루고자 하는 목표는 자율안전체계의 구축이라 할 수 있겠다.

자립능력 배양

안전경영 자립능력이란 관공서나 안전경영 전담부서의 개입 없이도 근로자 중심으로 스스로 안전경영활동을 이끌어 갈 수 있는 역량을 의미한다. 즉, 관련 법규의 강제성이나 안전경영 전담부서 또는 전담자의 조언이나 지원 없이도 구성원 모두가 자발적으로 안전경영활동을 실천하는 것이다. 이를 위해서는 앞서 설명한 자율안전체계의 구축에 추가하여 근로자의 안전경영 의지가 매우 중요하다.

안전경영 전담부서에 의해 안전경영활동을 꾸준히 기획하고 진행할 때 자율안전체계가 구축될 수 있으므로 자율안전체계의 구축은 전적으로 안전경영 전담부서의 역할이 중요한 데 반해, 자립능력은 초기 안전경영 전담부서의 개입이 있더라도 이후에는 근로자 스스로의 참여가 절실히 필요하다.

따라서, 안전경영 전담부서가 아닌, 안전보건관리책임자 · 관리감독자 등의 안전경영 관계인이 안전경영에 적극 개입하고 이끌어야 함은 물론이거니와 근로자 또한 안전경영활동에 적극 참여할 때 자립능력이 생길 수 있다. 근로자가 적극적으로 작업 현장의 유해위험요소를 발견하고, 제안방 등을 통해 개선하는 활동이 자립능력을 배양하는 첫걸음일 수 있다.

산업안전보건위원회나 안전경영협의체 등의 근로자 자체 회의체를 통해 안전경영에 대한 기준을 만들고(Plan), 이를 현장에서 스스로 실천해 보고(Do), 근로자 상호 간 자체 모니터링을 통해(Check), 다시 개선하는(Action) 선순환 환류시스템이 가동되어야 한다.

그림 2-38 : 안전경영 제안방(예시)

유해 위험 발굴 제안방

⌂ > 안전관리 > > 유해 위험 발굴 제안방

부서 | 제목 | 작성자

작성일자 ~

조회

전체 55 건

등록 | 15 ▾

NO	부서	제목	작성자	작성일	좋아요	평점	조회수
55		[하역설비 주행부 끼임 사고] 주행부 광전자 센터를 통한 … [2] ★★★★★		2023-03-13	3	100	71
54		[위해요인 개선] 상하차 전용 이동식 발판을 통한 근골격… [0] ☆☆☆☆☆		2023-03-10	0	0	90
53		지게차 주행연동 안전벨트 시스템 구성을 통한 안전사고 … [26] ★★★★★		2023-03-03	20	99	420
52		[유해위험요인] 컨베이어 물림점 끼임사고 다발구간 작업… [35] ★★★★★		2023-03-02	15	100	411
51		[유해위험요인] 지게차 안전수칙 문구 추가 표시로 안전… [5] ★★★★★		2023-02-24	11	96	315
50		[유해위험요인] 사각지대 반사경 설치를 통한 안전사고 … [4] ★★★★☆		2023-02-24	8	90	202
49		컨베이어 접근 금지 사슬 및 경보 장치 설치로 협착 사고 … [18] ★★★★★		2023-02-23	11	100	325
48		택배분류장 메자닌층 H빔 돌출 부위의 두부충돌 Lisk 물… [9] ★★★★★		2023-02-22	4	98	332
47		지게차 제원 및 운전원 정보, 실명제 QR코드 양식 알림… [45] ★★★★★		2023-02-21	30	100	586
46		[유해위험요인] 신축컨베이어 전면부 협착방지 덮개(철판… [28] ★★★★★		2023-02-21	19	100	308
45		[유해위험요인] 분전반 개선의 件 [5] ★★★★☆		2023-02-20	2	88	289
44		단기 김시직 인력 안전화 지급 개선의 件 [4] ★★★★☆		2023-02-17	2	85	362
43		[유해환경개선] 컨베이어 비상정지 스위치 와이어 설치 [6] ★★★★★		2023-02-17	5	93	230

안전자율권 행사하기

안전자율권이라는 용어는 정의되어 있지 않지만, 저자의 생각에 '근로자가 안전한 환경에서 근무할 수 있도록 스스로 안전을 확보하고자 하는 자율적인 권리'라 생각한다.

작업자가 안전이 확보되지 않은 작업환경에서는 작업을 거부하고, 안전조치가 완료된 이후에 작업을 재개하는 것, 나아가 스스로 안전한 작업환경 및 작업절차를 검토하고 실행하는 것이 안전자율권이라 생각한다.

다만, 모든 권리에는 책임이 따른다. 즉 무분별한 권리 행사를 막기 위해 적절한 책임을 부여하는 규정에 대한 대비도 필요할 것이다.

안전문화가 잘 정착된 선진국 근로자의 안전자율권 행사는 자연스럽지만, 국내에서는 아직 안전자율권을 행사하기가 어렵다. 즉, 안전자율권 행사로 인해 생산성 저하, 비용 발생 등의 문제가 발생하기 때문이다. 이러한 경영 부담은 실제 사고 발생 시 발생하는 손실보다 매우 작지만, 이는 사고 발생을 가정한 것이므로 경영진뿐만 아니라 일반 근로자도 안전자율권 행사를 주저하게 된다.

하지만, 최근 국내 일부 기업을 중심으로 분위기가 바뀌고 있다.

그림 2-39 : 작업중지권

즉, 안전이 확보되지 않은 작업 환경에서는 작업을 거부하고, 안전 조치가 이행될 수 있도록 제도적인 보완을 통해 실질적인 안전자율권 행사가 가능해졌다. 빠른 시일 내에 국내에서도 자연스럽게 안전자율권을 행사하는 근로자가 많아지기를 기대해 본다.

2) 변화관리(Change Management) 유지하기

동향 파악

산업의 고도화에 따라 안전사고의 강도와 빈도는 하루가 다르게 증가하고 있다. 이러한 안전사고의 증가 속도에 발맞추어 안전사고 예방 및 대응 기술력 또한 향상되고 있다.

즉, 위험성의 종류와 크기, 예방 및 대응 기술력 동향 등을 파악하고 이를 기업에 적절히 반영하는 것이 중요하며, 동향을 파악하기 위해 전시회나 박람회 등의 참석을 추천한다. 안전 분야 전시회나 박람회 등에서는 최신 동향을 쉽게 파악할 수 있으며, 직접 체험도 할 수 있다.

전시회나 박람회 이외에도 학술대회, 세미나, 포럼 등에 참여하여 기술 동향이나 법규 동향 등에 대해 정보를 취득하는 것이 좋겠

그림 2-40 : 전시회, 박람회, 안전정보지

안전 안전산업 박람회
K SAFETY EXPO

다. 이러한 행사 참여 이외에도 정기적으로 안전경영과 관련된 정보지를 받아 참고하는 것도 동향을 파악하기에 좋은 방법이다.

법규관리 및 대응

안전사고가 증가함에 따라 예방 및 대응 기술력의 향상뿐만 아니라 관련 법규 또한 강화되고 있다. 따라서, 항상 법규 변화를 모니터링하고 최신화하여 기업의 상황에 적용해야 한다.

그러기 위해서는 법규 변화를 지속적으로 모니터링하고 최신화 관리를 통해 적용 여부를 확인하여 대응할 수 있는 별도의 인력을 확보하거나 시스템적으로 최신 법규 정보를 정기적으로 받을 수 있어야 한다.

한편 '법'이라는 기준은 시대 상황에 맞게 변화되어야 한다. 현실에 맞지 않거나 잘못된 법규 변화로 발생하는 피해가 없도록 하여야 하겠다.

만일 기업이 속한 산업의 현실을 반영하여 법규 개정이 필요하다면 관계 기관에 적극적으로 의견을 개진할 필요가 있다. 법규 개정에 적극 참여함으로써 근로자의 안전을 선제적으로 확보하는 활동이 필요하다.

그림 2-41 : 법규 관리(예시)

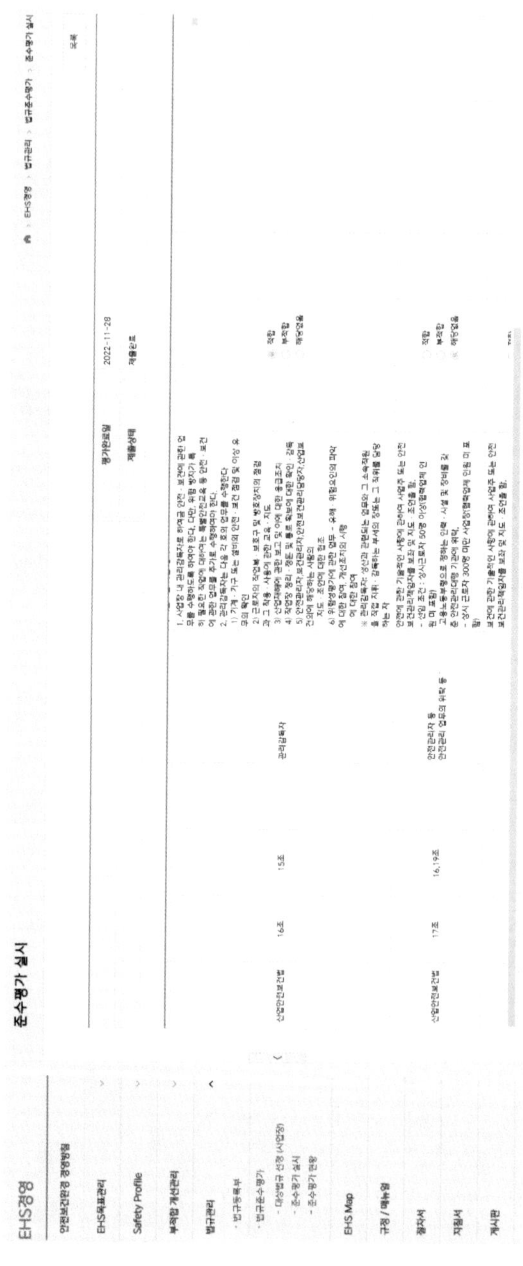

EHS경영

- 안전보건환경 경영방침
- EHS목표관리
- Safety Profile
- 부적합 개선관리
- 법규관리
  - 법규등록부
  - 법규준수평가
    - 대상법규 선정 (사업장)
    - 준수평가 실시
    - 준수평가 현황
- EHS Map
- 규정 / 매뉴얼
- 절차서
- 지침서
- 게시판

준수평가 실시

EHS경영 > 법규관리 > 법규준수평가 > 준수평가 실시

목록

평가완료일 2022-11-28

제출상태 제출완료

산업안전보건법	16조	15조	관리감독자	1. 사업장 내 관리감독자로 하여금 안전 · 보건에 관한 업무를 수행하도록 하여야 한다. 다만, 위험 방지가 특히 필요한 작업에 대하여는 특별안전교육 등 안전 · 보건에 관한 업무를 추가로 수행하여야 한다. 2. 관리감독자는 다음 각 호의 업무를 수행한다 1) 기계 · 기구 또는 설비의 안전 · 보건 점검 및 이상 유무의 확인 2) 근로자의 작업복 · 보호구 및 방호장치의 점검과 그 착용 · 사용에 관한 교육 · 지도 3) 산업재해에 관한 보고 및 이에 대한 응급조치 4) 작업장 정리 · 정돈 및 통로 확보에 대한 확인 · 감독 5) 안전관리자,보건관리자,안전보건관리담당자,산업보건의에 해당하는 사람의 지도 · 조언에 대한 협조 6) 위험성평가에 관한 업무 - 유해 · 위험요인의 파악에 대한 참여, 개선조치의 시행에 대한 참여 ※ 관리감독자: 생산과 관련되는 업무와 그 소속직원을 직접 지휘 · 감독하는 부서의 장또는 그 직위를 담당하는 자	적합 / 부적합 / 해당없음
산업안전보건법	17조	16,19조	안전관리자 등 안전관리 업무의 위탁 등	안전에 관한 기술적인 사항에 관하여 사업주 또는 안전보건관리책임자를 보좌 및 지도 · 조언을 함. - 선임 조건 : 상시근로자 50명 이상(협력업체 인원 미 포함) 고용노동부령으로 정하는 인력 · 시설 및 장비를 갖춘 안전관리대행 기관에 위탁. - 상시 근로자 300명 미만 사업장(협력업체 인원 미 포함) 보건에 관한 기술적인 사항에 관하여 사업주 또는 안전보건관리책임자를 보좌 및 지도 · 조언을 함.	적합 / 부적합 / 해당없음

History 관리

업무의 연속성 측면에서 기록관리는 매우 중요하다. 담당 실무자가 퇴직하거나 이동 등의 이유로 인수인계가 제대로 되지 않거나, 시간이 지남에 따라 본인이 수행한 과거 업무 내역을 잊거나 잃어버리는 경우 업무상 공백이 발생하게 된다.

안전경영 업무에서도 사고 발생 이력이나 개선 활동 등에 대한 이력 관리를 통해 업무의 연속성을 확보하여야 한다. 또한 이러한 이력 관리를 통한 기초 자료는 전략을 수립하기 위한 좋은 근거자료로 활용할 수 있다.

History 관리를 잘하려면 평상시 업무를 정리하는 습관이 필요하고, 제도적으로 인수인계가 잘 수행되어야 하며, 앞서 설명한 IT 시스템 등의 인프라를 활용하는 방법도 검토해 볼 필요가 있다.

또한 History 관리를 하다 보면 안전문화 활동에 대한 기업의 변화되는 과정을 수치화할 수도 있고, 중장기 전략 · 핵심과제 · 세부실행사항 등 조직적 측면의 지표관리뿐만 아니라 업무 담당자의 노하우도 전수할 수 있다.

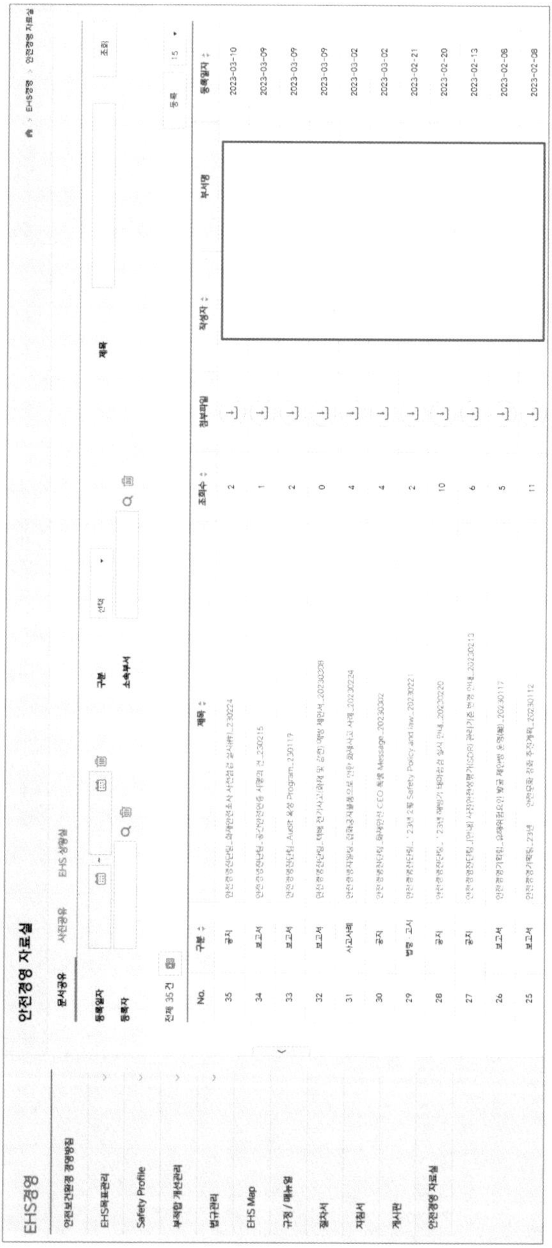

그림 2-42 : 이력 관리_안전경영 자료실

EHS경영

- 안전보건환경 경영방침
- EHS목표관리
- Safety Profile
- 부적합 개선관리
- 법규관리
- EHS Map
- 규정 / 매뉴얼
- 절차서
- 지침서
- 게시판
- 안전경영 자료실

안전경영 자료실

EHS경영 > 안전경영 자료실

문서공유 | 사진공유 | EHS 상황실

등록일자 ~ | 구분 선택 | 제목 | 조회

등록자 | 소속부서

전체 35 건 | 등록 | 15

No.	구분	제목	조회수	첨부파일	작성자	부서명	등록일자
35	공지	안전경영진단팀_화재안전조사 사전점검 실시(#1)_230224	2	↓			2023-03-10
34	보고서	안전경영진단팀_공간안전인증 시행의 건_230215	1	↓			2023-03-09
33	보고서	안전경영진단팀_Audit 육성 Program_230117	2	↓			2023-03-09
32	보고서	안전경영진단팀_택배 전기사고(화재 및 감전) 예방 제안서_20230208	0	↓			2023-03-09
31	사고사례	안전경영지원팀_접화공지불량으로 인한 화재사고 사례_20230224	4	↓			2023-03-02
30	공지	안전경영진단팀_화재안전 CEO 특별 Message_20230302	4	↓			2023-03-02
29	법령 · 고시	안전경영진단팀_'23년 2월 Safety Policy and law_20230221	2	↓			2023-02-21
28	공지	안전경영진단팀_'23년 재해기 세미나 실시 안내_20230220	10	↓			2023-02-20
27	공지	안전경영진단팀_[안내] 사전안전성평가(SDR) 관리기준 변경 안내_20230213	6	↓			2023-02-13
26	보고서	안전경영기획팀_유해위험요인 발굴 제안방 운영(案)_20230117	5	↓			2023-02-08
25	보고서	안전경영기획팀_23년 안전문화 강화 추진계획_20230112	11	↓			2023-02-08

사례
따라 하기

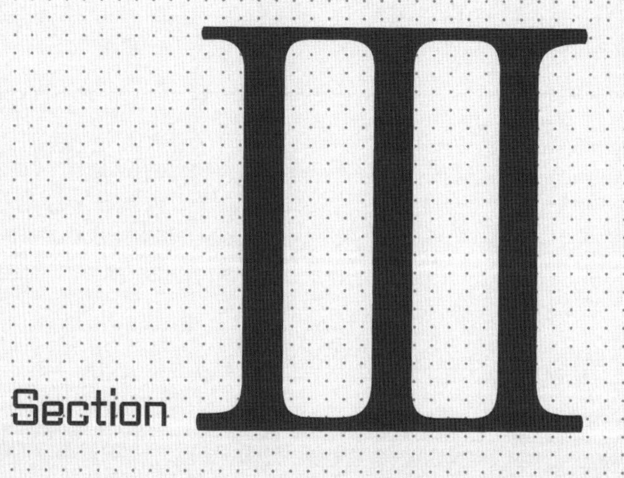
Section III

'모방은 창조의 어머니'라는 말이 있다. 반드시 좋은 사례가 아니더라도 다른 사례를 통해 좋은 것은 따라 하고, 나쁜 것은 피해 가는 선택이 가능하다. 간접 경험을 통해 시간적 · 비용적 절감뿐만 아니라, 다른 사례를 연구하고 따라 하다 보면 경영책임자 및 실무자의 안전경영 역량을 확보하는 데 많은 도움이 될 것이다.

저자가 직접 경험한 다음의 두 가지 사례를 소개하고자 한다. 하나는 신규 사업장 건설 초기 Set-up 단계부터 참여하여 안전경영활동을 추진한 사례이고, 다른 하나는 기존 조직의 안전경영 수준을 Level-up 시키기 위한 활동 사례이다.

그림 3-01 : 사례 따라 하기

신규 사업장 안전경영 Set-up

기존 사업장 안전경영 Level-up

1.

신규 사업장 안전경영 Set-up

저자는 국내 모 그룹의 여러 계열사가 참여하여 특정 장소에 대단위 연구단지 구축을 위한 TF 활동을 진행하였다. 즉, 건물을 새로 건축하고 시설 · 설비 등의 설치는 물론이거니와 운영 규정 등의 체계를 새롭게 구축하는 프로젝트에 참여하게 되었다.

일반적으로 연구소는 공장이나 오피스 빌딩과는 다른 특성을 갖는다. 정형화된 공장이나 위험성이 낮은 오피스 빌딩과는 달리, 연구소는 연구 활동에 필연적으로 따르는 위험성이 존재한다. 좀 더 정확하게는 '변화에 따른 위험성(Risk for Change)'이라 할 수 있으며, 이는 기존과는 다른 새로운 장비(Machine), 새로운 물질(Material), 새로운 방법(Method) 등이 연구 활동에 사용되기 때문이다. 즉, 모든 연구 활동은 연구활동 종사자로 하여금 앞서 기술한 세 가지(장비, 물질, 방법) 중 한 가지 이상의 '변화(Change)'가 반드시 수반된다. 이러한 변화는 위험성(Risk)을 증가시키고, 결국 연구 활동 종사자는 위험성에 노출되는 것이다.

이러한 연구소의 특성을 감안하여 안전경영 Set-up을 적용할 필요가 있었으며, 비교적 장시간인 약 3년의 기간을 통해 안전경영

조직 및 운영 체계를 Set-up하였고, 그 과정을 간략히 소개하고자 한다.

그림 3-02 : Set-up 과정 흐름표

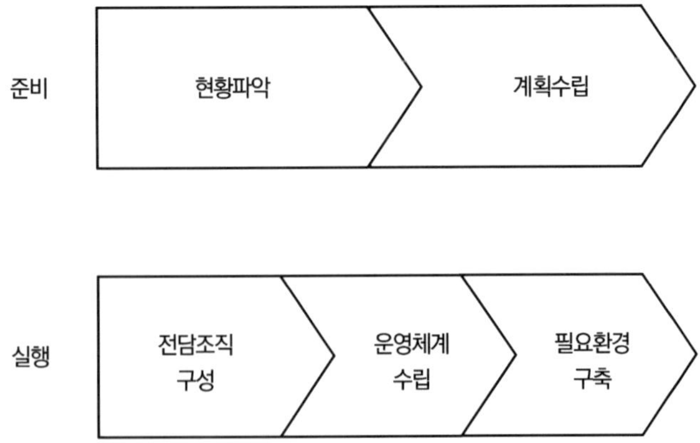

준비

현황파악 → 계획수립

실행

전담조직 구성 → 운영체계 수립 → 필요환경 구축

1) 현황 파악하기

Risk Point Check

그룹 내 여러 계열사를 한곳에 모으다 보니 각 기업의 특성(위험성) 파악이 우선되어야 했다. 즉, 각 기업이 속한 산업 분야별 위험성과 유해위험요소, 안전관리 방식 및 수준 등 상황이 매우 다양하고 고려해야 할 점 또한 많다 보니 이들에 대한 검토부터 시작하게 되었다. 특히, 안전관리 수준 및 목표가 상이하였으므로 이에 대한 각 기업의 입장을 확인할 필요가 있었다.

앞서 설명한 '현장에 답이 있다'는 말처럼 Risk Point를 파악하는 가장 좋은 방법은 현장에 가서 눈으로 확인하고, 근로자와 대화를 통해 확인하는 방법이라 생각한다. 이를 위해 각 계열사를 방문하여 실제 인적 · 기계적 위험성을 확인하고, 다양한 계층의 관계자 인터뷰를 진행하였다.

이 과정에서 시간적 여유를 두고 충분히 검토하여야 향후 방향성을 잡기가 용이하므로 다양한 방법을 활용하였다. 예를 들어, 현장 확인은 기본이고 설문, 인터뷰, 자료조사 등을 병행하였다. 주로 4M(Man, Machine, Media, Management) 관점에서 Risk를 확인하고 분류하는 방법과 계열사의 특성(산업 분야, 조직 형태 및 규모,

관계 법령 등)에 따라 Risk를 확인하고 분류하는 방법들을 활용하였다.

벤치마킹과 컨설팅

방향성과 목표 등 구체적인 계획을 수립하기에 앞서, 우수기업에 대한 벤치마킹과 전문가의 조언을 구하기 위한 컨설팅을 실시하였다.

먼저 성공적인 벤치마킹을 위해 당시 상황과 유사한 형태의 조직을 선정하였고, 그들에게서 확인할 사항들을 사전에 List-up하였다. 방문 전에 필요한 부분은 질문지 형태로 메일을 통해 확인하여 시간과 비용을 절약하였다. 물론 벤치마킹 후 추가로 확인이 필요했던 사항들도 메일과 전화 등을 통해 확인하는 과정을 거쳤다.

다만, 자칫 벤치마킹 대상 기업이나 조직이 방문을 불편해할 수 있어서 사전에 충분한 배경 설명과 양해를 구하는 것이 필요하였다.

벤치마킹 대상지로 최대한 유사한 환경의 MIT와 3M 본사를 선정하여 방문하였다.

가장 인상적이었던 것은 MIT에서 학생들이 직접 안전 실험 절차를 동영상으로 제작하여 대학교 인트라넷에 올리고, EHS 로고를 제작하여 활용하고 있었으며, EHS 전담조직(자체 소방대 등)을 운영하고 있었다.

3M에서는 전 세계 Global Standard를 수립하여 평가하고, 취약한 국가에 대한 지원을 통해 상향평준화 활동을 전개하고 있었다.

컨설팅 결과는 대학교 안전 관련 학과 및 학회 등과 연계하여 전문가들의 자문을 통해 안전경영 계획수립 등에 반영하였다. 컨설팅 또한 추진 전에 충분한 배경 설명을 통해 전문가의 이해도를 높인 상태에서 자문이 필요한 부분을 List-up하여 컨설팅을 진행함으로써 효율성을 높였다.

벤치마킹과 컨설팅은 경우에 따라 생각보다 많은 비용과 시간을 필요로 할 수 있다. 따라서 반드시 벤치마킹이나 컨설팅을 추진할 필요는 없으나, 필요하다면 적은 비용과 시간을 투자하여 큰 효과를 볼 수 있는 방법을 검토해 보는 것이 좋겠다. 일례로, 과학기술정보통신부 산하 국가연구안전관리본부에서는 연구실 안전관리 수준 향상을 위해 외부 전문가로 구성된 컨설팅을 무상으로 지원하고 있다. 또한 산업안전보건공단에서도 중소기업을 대상으로 무상 진행하는 프로그램들이 있으니 활용해 보도록 하자.

그림 3-03 : MIT & 3M 벤치마킹 결과

3M은 체계적인 EHS Framework 기반의 정책수립 및
본사와 사업장 간의 역할 전개가 우수함

EHS 특징

□ 지속적인 3P 활동을 바탕으로 "안전 제일 주의" 확립

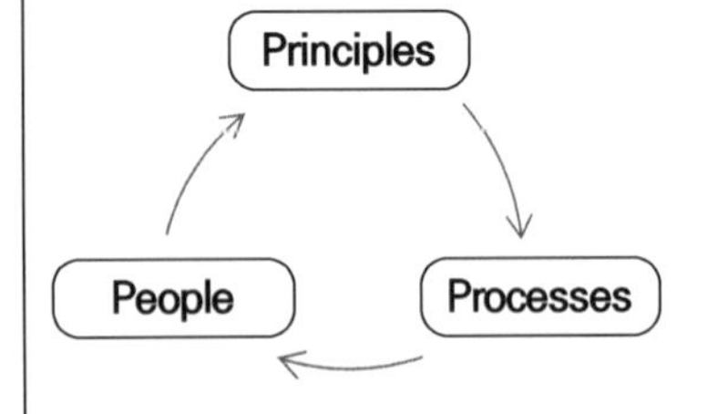

■ 정책 수립/전파 : EHS Head office
■ 국가/사업장별 의견회신, 환경반영
■ Customizing 및 지속 보완
■ 구성원 스스로 checking하는 자발적 문화 형성
■ 수십년간 축적된 data를 이용한 process 매뉴얼화

□ 체계적인 예방관리를 통해 안전사고 zero 활동

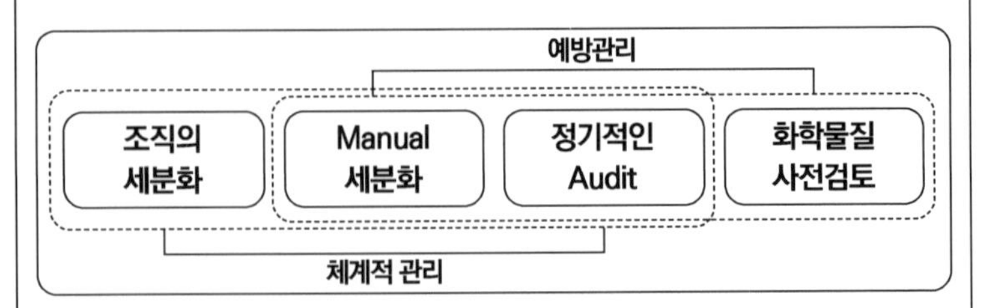

■ 조직 : EHS Head office ↔ 사업장 EHS 조직 간 R&R 명확화 및 상호보완
■ Manual : Know-how가 축적된 GSHP(Global Safety and Health Plan)
■ Audit : 점검을 통한 개선활동(매년 사업장 자체, 3~4년 1회 본사 점검)
■ 사전검토 : 과제시작 前 위험성 파악(The hazard review 등)

시사점

□ 정책적 측면

■ 통합운영조직 주관하에 각 사업장 EHS 담당자가 참여한 협의체에서 정책을 수립하고, 각 사업장 상황에 맞게 customizing

■ 정기적인 사업장 자체점검 및 통합운영조직의 전체점검 또는 사업장 담당자 간 cross check

□ 조직적 측면

■ 업무영역별(기획, 안전, 환경, 보건, 방재) 전담조직의 세분화와 R&R 구체화

■ 특히, '안전' 업무영역의 세분화(예, 실험실 안전, 건물/시설물 안전, 위험물 취급안전 등)와 전문성 확보를 위한 방안 필요

□ 시설적 측면

■ 3M의 GSHP와 같은 시설물에 관한 매뉴얼 작성(국내법 이상의 기준을 충족)

■ 신규 시설, 장비 등의 도입 時 사전 위험성 평가 의무화

MIT는 EHS 관리체계와 상호 유기적인 협력체계 기반 위에
자발적인 참여를 하고 있음

EHS 특징

□ MIT EHS Management components

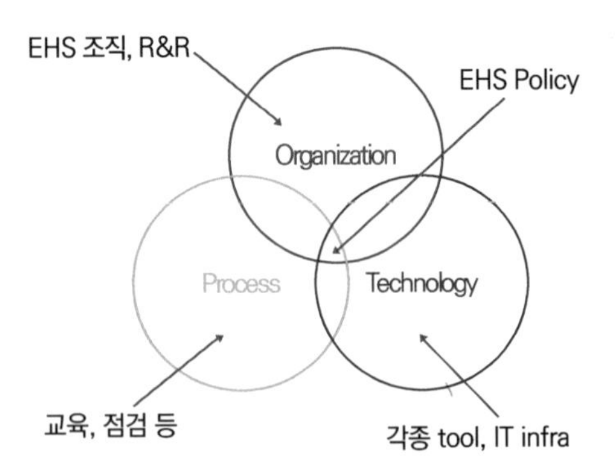

□ 관련 조직 간의 유기적인 협력체계

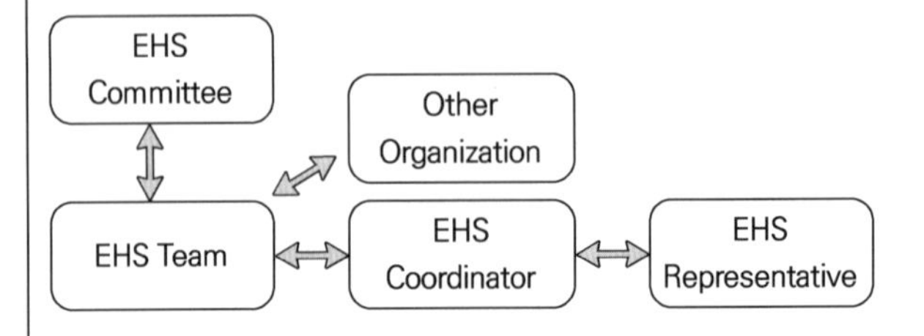

- Committee : 교수진으로 구성, 정책수립 및 승인 등
- 소방서, 부속병원, 협력업체 등
- EHS Team (63명) : 5개 업무영역(Chemical, Biological, Radiological, Safety, Environmental)으로 구분하여 전담
- Coordinator (40명) : DLC* 소속으로 현장 안전관리 전담
- Representative (450여 명) : PI** 단위의 EHS 활동

* DLC : Department of Laboratory Center, ** PI : Principal Investigator

시사점

□ 정책적 측면

■ 정책수립 時 또는 최소한 정책검토 단계 時 EHS 부서/담당자 이외에 연구원의 참여 필요
■ R&D 특성에 맞는 check list, 매뉴얼 작성 및 revision

□ 조직적 측면

■ EHS 인원당 관리 연구원 수 확인 및 지표화 고려
■ EHS coordinator 역할수행 필요 (담당, 방식 검토)
■ 연구실별 EHS 담당자의 지정과 R&R 부여 (효과적인 업무수행을 위해 지속적인 지원방안 마련)

□ 시설적 측면

■ MIT EHS 부서에서 직접 제작한 교육 콘텐츠와 같이 현실에 맞는 교육 콘텐츠를 단계적으로 제작하여 활용
■ 자체 EHS 심벌 활용을 통한 인식제고 및 활동강화

2) 계획 수립하기

지향점 및 목표 수립

현황 분석을 통해 각 계열사의 Risk Point, 안전관리 방식 및 수준 등에 대한 파악을 완료한 후, 벤치마킹 및 컨설팅 결과 등을 참고하여 전체 지향점을 도출하는 과정을 수행하였다.

향후 10년간 진행해야 할 지향점 및 중장기 실행 과제를 수립하는 등 안전경영을 위한 큰 그림을 그리는 과정을 거쳤다. 여기서, 지향점이 Vision과 같은 개념으로 상징적 의미를 갖는다면, 중장기 과제는 정기적인 Review를 통해 수정 · 보완하는 과정을 거쳐야 하

그림 3-04 : 지향점 및 중장기 과제 도출

(주) ○○○ "안전환경" Vision/목표/추진전략

Vision	(주) ○○○ 복합운영단지의 안전하고 쾌적한 근무환경 조성		
목 표	EHS 통합운영체계 기반으로 글로벌 수준의 안전한 근무환경 구축		
추진전략	EHS시스템 및 운영 표순화	선제적 위험관리체계 구축	자발적 안전환경 문화 정착
	•통합EHS 관리 지침 마련 •사전안전성평가제도 정착 •위험성평가시스템 구축 •화학물질안전관리 시스템 구축	•정기적인 EHS Audit •비상대응체계 일원화 •건강보건 관리 체계 구축 •작업 안전관리 체계 구축	•전문화된 EHS교육 체계 운영 •정기적인 안전문화 활동 전개 •우수사례 및 사고사례 공유 •안전환경 의식 수준 제고

고 성공 여부를 판단할 수 있는 정량화된 목표로 구체화하여야 했다. 물론 이러한 과정은 각 계열사 실무자 및 책임자의 협의 및 합의 과정을 거쳤으며, 이를 전체 근로자가 확인할 수 있는 공유방법 또한 수립하였다.

수립된 지향점 및 목표의 적정성을 판단하기 위하여 컨설팅 과정에서 인연을 맺은 전문가분들의 자문을 청취하는 과정도 진행하였다.

마스터플랜 수립

지향점 및 중장기 과제, 각 계열사의 관련 법규 등을 바탕으로 세부 실행 계획을 수립하였다. 세부 실행 계획은 3단계(대/중/소)로 구성된 과제 분류, 추진 일정, 담당자, 모니터링 방법 등을 반영한 마스터플랜 형식으로 작성하였다.

마스터플랜 수립 과정에서 법규 검토는 먼저 전체 계열사에 공통적으로 적용되는 법규에 대해 각 조항별로 검토하였으며, 일부 계열사 특성에 따라 적용되는 법규는 따로 검토하였다. 법규 검토 시 조항별 적용 여부 판단과 적용 시 대응 방법(준비 사항, 일정, 담당자 등)을 구체화하였고, 누락되거나 잘못 대응하는 실수를 줄

그림 3-05 : 마스터플랜

업무별 Master Plan (案)

업무영역	안전 〉 안전교육

■ 주요 운영준비 사항

: 교육 주체 명확화, 교육이수/이력관리 등 업무전반에 필요한 IT시스템 구축

■ 세부 운영준비 계획

세부 운영준비 Activity	20xx년									20xx년												비고
	4월	5월	6월	7월	8월	9월	10월	11월	12월	1월	2월	3월	4월	5월	6월	7월	8월	9월	10월	11월	12월	
업무 R&R 구체화																						
교육업무 범위, 주체 협의																						TFT, 업무지원팀 협업
교육과정별 업무 process 구체화																						TFT
교육관련 규정(案) 수립																						TFT(案) 수립
규정(案) 검토 및 확정																						유관부서 검토
매뉴얼 작성																						업무 담당자
IT시스템 구축																						
시스템 반영 요구사항 전달																						내부 의견 취합/전달
시스템 범위/기능 선정																						TFT
시스템 개발 co-work																						TFT
Pilot 테스트 및 보완																						TFT
업무 인수인계																						TFT → 업무 담당자

이기 위해 여러 명의 담당자가 상호 교차 검토하는 방식으로 완성하였다.

이렇게 수립된 마스터플랜은 Set-up Project를 진행하는 동안 검토를 통해 몇 차례 수정 · 보완하면서 실행하였다.

3) 전담조직 구성하기

조직체계 수립

여러 계열사가 같은 울타리 내의 사업장에 모여 운영되는 형태로 매우 복잡한 형태의 조직체계가 불가피하였다. 특정 기업에 소속되어 안전 업무를 개별적으로 지원하는 방식보다는 사업장 전체의 안전 업무를 주관하는 별도의 조직을 편성하여 Shared Service를 제공하는 방식으로 조직체계를 수립하였다. 이럴 경우, 사업장 전체의 안전경영 업무를 일관성 있게 추진할 수 있으며 사고 발생 시에도 신속한 대응이 용이한 장점이 있다.

물론, 각 계열사에도 별도의 안전전담조직을 두었으며, 상대적으로 안전전담조직의 규모가 작은 계열사는 사업장 전체를 주관하는 안전전담조직에서 지원하는 체계로 수립하였다.

또한, 각 계열사의 안전전담조직과 통합 안전전담조직의 R&R을 구분하였으며, 정기적인 협의체 활동을 통해 의견을 조율하고 협의 및 합의의 과정을 거칠 수 있도록 준비하였다. 이 협의체 활동은 Set-up Project를 진행하는 동안 수행되었으며, Project가 완료된 이후에도 지속되고 있다.

다만, 조직체계는 기업 경영상황 등의 변화에 따라 변경 · 조정되었고, 가장 효율적인 안전관리가 가능한 방향으로 진행되었다.

전문인력 확보

인력 확보에 앞서 필요한 인력 규모는 법규 검토를 바탕으로 도출한 업무 범위, 정규직 또는 외주화 정책, 인력 운영 방식 등을 고려하여 산출하였다.

인력 확보는 주로 외부 경력 채용으로 진행하였으나, 사내공모 등의 방법도 병행하였다. 법정 선임은 가능한 정규직 근로자로 선임하였으며, 법적 가능한 범위 내에서 협력직을 선임한 경우도 있다.

전문인력은 직무 분야를 크게 안전, 환경, 보건, 방재 분야로 구분하여 확보하였다. 안전과 환경은 기획과 운영의 관점으로 인력을 구성하였으며, 보건 업무를 위해 별도의 건강관리실을 운영하는 등 임직원의 건강관리 및 증진을 위한 인력을 검토하였다.

방재는 자연재해를 비롯한 발생 가능한 재해를 가정하여 필요한 인력과 역량을 검토하였다. 특히 신속한 대응이 필요한 방재업무를 위하여 ERT(Emergency Response Team)를 편성 운영하였다.

ERT는 교대조로 편성하여 24시간 운용할 수 있도록 하였으며, 이들의 원활한 임무 수행을 위해 지휘 · 협업체계도 수립하였다.

ERT 인력은 비상 상황 시 초기 대응에 절대적인 역할을 수행하므로 이들의 역량 향상을 위한 정기 및 불시 교육훈련에 대한 계획을 수립하였으며, 일반 근로자들이 쉽게 알아보고 유해위험요소를 신고할 수 있도록 유니폼 착용 등 시인성을 높이는 방법도 고려하였다.

그림 3-06 : ERT

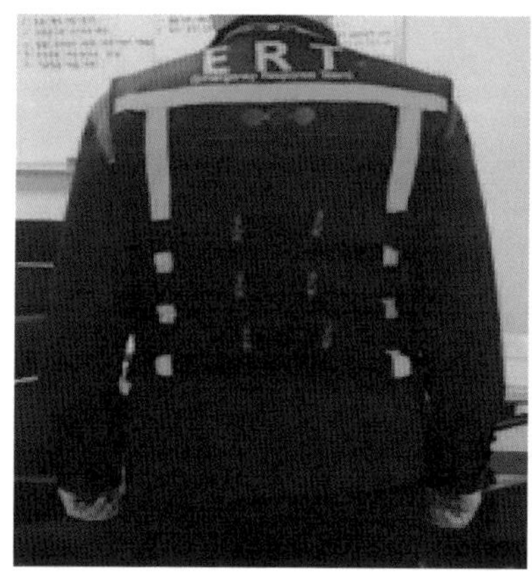

4) 운영체계 수립하기

의사소통과 R&R

앞서 설명한 바와 같이 여러 계열사가 같은 공간의 사업장 안에 모여 운영되는 형태이다 보니 의사소통 채널도 다양하고, 매우 복잡한 형태의 조직체계로 구성되어 있어서 의사소통체계가 매우 중요하였다.

따라서 그림에서 보는 바와 같이 의사소통 채널을 최대한 간소화하였고, 원활한 의사소통을 위한 회의체 운영을 준비하였다. 회의체 운영은 필수 불가결한 사안으로, 의사결정에 많은 시간이 소요된다는 단점을 극복하기 위하여 Ground Rule을 수립하는 등의 방편 또한 준비하였다.

조직체계 수립 단계에서 검토하였던, 업무의 R&R을 명확하게 하여 사고 발생 시 책임소재 등의 이슈를 해결하고자 검토하였다. 다만, 아무리 R&R을 구체적으로 수립한다 하더라도 경우에 따라서는 Gray 영역의 업무가 발생할 수 있으며, 이를 해결하기 위한 회의체에서도 쉽게 결정하기가 어렵다. 이런 경우에는 상위 의사결정기구나 안전보건관리책임자의 검토에 따라 진행하는 방안을 수립하였다.

그림 3-07 : 의사소통체계 구축

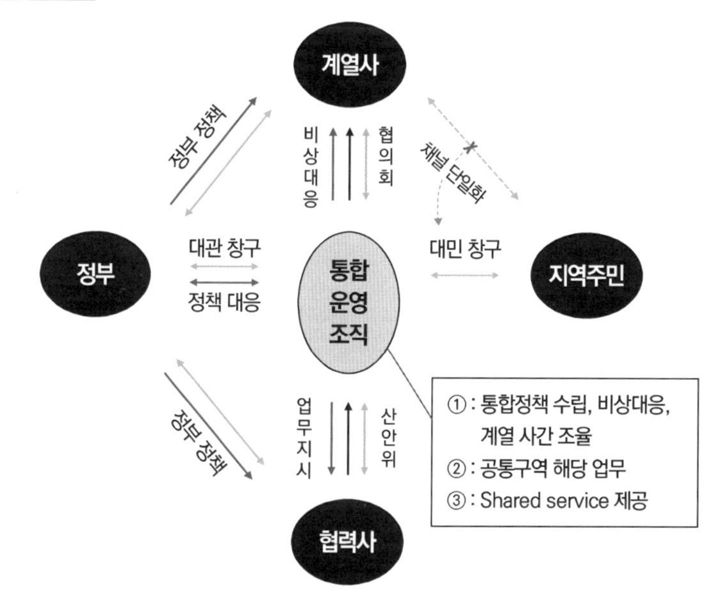

주요 기능

- 지휘조정 측면
  - 정부 정책 최신성 유지 및 공동 대응
  - 비상상황 발생 시 확산방지를 위한 통합 지휘
  - 협력사 업무지시 및 EHS 관리

- 업무수행 측면
  - 통합가능 업무지원을 통한 비용절감 등 효율화
  - 계열사와 협력사의 linking pin 역할

- 의사소통 측면
  - 對 정부 공동 대응이 필요한 업무 대관 창구
  - 지역주민과의 의사소통 채널 단일화
  - 계열사 간 협의회 주관, 주요 정책 수립 및 상정
  - 협력사 산안위 통합 수행

같은 맥락에서 비상 상황 발생 시 비상대책위원회 구성과 운영에 관한 사항과 R&R 등에 대한 체계를 사전에 검토하여 준비하였다.

기준 및 제도

각종 기준과 제도를 수립함에 있어서 각 계열사의 상황이 상이하므로, 상향평준화를 목표로 수립하였다. 기준은 안전관리 수준이 가장 높은 계열사의 것을 기준으로 삼았고, 제도 또한 안전관리가 우수한 계열사의 제도를 참고하였다.

주요 기준서도 전체 사업장을 아우르는 안전보건관리규정과 비상대책위원회 운영 규정 등을 수립하였고, 하부 단위의 절차서와 지침서 등을 제작하였다. 너무 많은 수의 규정 · 절차서 · 지침서는 자칫 문서 자체로만 남을 수 있으므로 계열사 전체에 공통적인 내용으로 최소화하였으며, 특히 절차서와 지침서는 사진 위주의 약식 형태로 만들었다. 또한 시인성을 높인 절차서 및 지침서는 근로자가 보기 쉬운 장소에 부착함으로써 활용도를 높였다.

계열사들이 모여 있는 통합 사업장의 특성상 일관된 제도를 적용하기에는 한계가 있으므로 각 계열사의 우수한 제도를 상호 벤치마킹할 수 있도록 유도하였으며, 특히 안전문화 확산과 관련된 많은 제도와 아이디어들이 논의되고 실행되었다.

그림 3-08 : 비상대응 매뉴얼 수첩(표지 및 목차)

비상 대응 매뉴얼
(Emergency Response Manual)

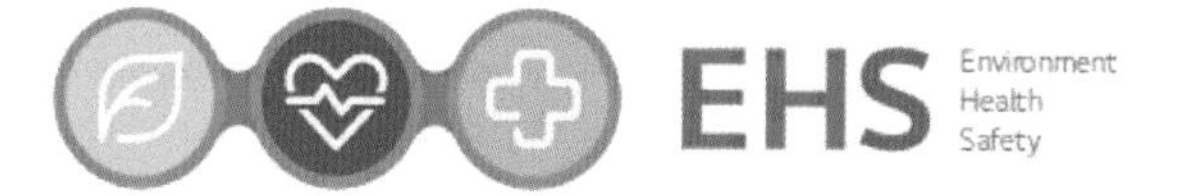

개인 임무 (Personal Mission)

비상상황 유형	나의 임무 (기록 必)
1. 화재 사고	
2. 정전(승강기 갇힘) 사고	
3. 누수(침수) 사고	
4. 인사 사고	
5. 풍수해(태풍, 강풍, 집중호우) 사고	
6. 대설 사고	
7. 환경(가스누출) 사고	
8. 지진 대응	
9. 집회 및 시위 대응	
10. 불법침입 대응	
11. 외부방문 대응	
12. 전염성질병 대응	

※ 비상상황 유형별 본인의 임무를 작성하고, 수시로 임무를 숙지하시기 바랍니다.

개인 정보
소속
이름
전화(Mobile)

목차 (Table of Contents)

5) 필요 환경 구축하기

IT 시스템

우리나라 사람이라면 대한민국이 IT 강국이라는 데 이견이 없을 것이다. 업무의 편의성 등을 고려하였을 때 IT 시스템의 활용은 대단히 중요한 사항이다. 초기 투자비가 많이 소요되는 것은 피할 수 없지만, 개발 후 인건비 등의 감소 효과는 분명하다. 따라서, 안전경영활동을 위한 별도의 IT 시스템 구축에 대한 검토가 진행되었다.

하지만, IT 시스템 역시 계열사마다 상황이 상이하였다. 시스템을 개발하여 활용 중인 계열사도 있었지만, 종이 문서 등으로 업무를 처리하고 있는 계열사도 있었다. 또한 IT 시스템을 활용 중인 계열사들도 시스템 운영체계가 상이하다 보니 이를 인터페이스 받아서 통합 시스템으로 묶기에는 많은 어려움이 있었다.

그러나, IT 시스템의 많은 장점을 포기할 수 없기에 전체를 통합하는 IT 시스템을 개발하여 업무 효율성을 극대화하고자 진행하였다. 기존에 IT 시스템을 활용 중인 계열사는 필요한 정보를 인터페이스 받는 방법으로 진행하였고, IT 시스템이 없는 계열사를 고려하여 기본적인 기능을 수행할 수 있는 메뉴를 추가하였다.

그림 3-09 : EHS Portal System

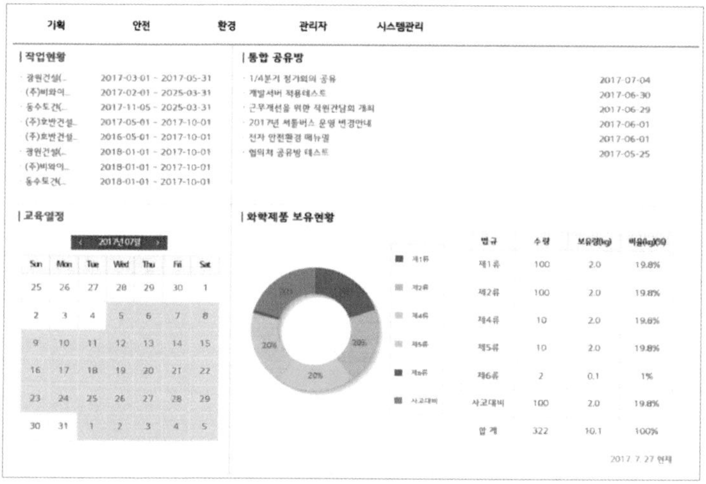

법규	수량	보유량(kg)	비율(kg)(%)
제1류	100	2.0	19.8%
제2류	100	2.0	19.8%
제4류	10	2.0	19.8%
제5류	10	2.0	19.8%
제6류	2	0.1	1%
사고대비	100	2.0	19.8%
합 계	322	10.1	100%

특히, 화학물질관리시스템(CMS; Chemical Manage System)을 탑재하여 다품종 소량의 화학물질을 취급하는 연구소의 특성을 반영하여 화학물질의 입고에서 폐기까지의 전체 과정을 시스템적으로 관리하는 체계를 수립하였다. 이는 소방서 점검 등에 매우 긍정적으로 작용하여 소방청 표창을 수상하기도 하였다.

교육실습실

연구 활동 종사자를 포함한 전체 근로자들을 위한 교육실습실을 검토하여 설치하였다. 교육실습실은 강의식 교육이 가능한 교육실과 안전 체험이 가능한 실습실로 구분하여 설치하였다.

교육실은 필요에 따라 강의식 · 토의식 교육 장소로 활용하였고, 대한심폐소생협회로부터 CPR TS(Training Site)로 지정받아 임직원들을 위한 심폐소생술 교육과 실습 프로그램을 진행할 수 있도록 하였다. CPR TS는 안전경영 전담조직의 인원들이 CPR 강사자격을 취득하게 하였고, CPR 교육이 가능하도록 장비를 구비하여 지정받았다.

실습실은 각 기업의 연구 분야가 상이하므로 위험성 또한 달라서 공통적인 위험성을 도출하여 실습이 가능하도록 설치하였다.

그림 3-10 : CPR TS, 위험예지훈련

또한 연구실 안전사고 이외에도 일상생활 안전사고에 대한 실습 교육이 가능하도록 구성하였다.

이 밖에도 건강관리실, 통합관재실 등 안전경영활동에 필요한 환경 구축을 위해 검토하고 실행에 옮겼다.

2.

기존 사업장 안전경영 Level-up

앞서 설명한 바와 같이 산업에 따라 안전관리 기준(요구수준)과 안전관리 역량(활동수준)에 차이가 있다. 이는 산업의 특성에 따라 사고의 빈도와 강도가 다르기 때문으로, 건설 · 중화학 · 원자력 · 항공우주 등의 산업이 안전관리 기준과 역량이 상대적으로 높은 편이다.

이러한 차이가 발생하는 것을 4M(Man, Machine, Media, Management) 관점에서 살펴볼 필요가 있다. 해당 산업에 종사하는 근로자의 특성(전문성, 근속연수 등), 취급하는 기계 · 기구 및 설비들의 특성(규모, 위험점 등), 물질이나 환경적 요인의 특성(원재료, 작업환경 등), 관리적 요인의 특성(규정, 교육훈련 등) 이외에도 많은 특성을 검토해 봐야 하겠지만, 우선 4M 관점에서만 보더라도 각 산업의 특성이 다르고, 이에 따라 안전관리의 기준과 역량이 결정되는 것이다.

이직을 통해 몸담게 된 물류 · 유통 산업은 건설이나 제조산업에 비해 안전관리의 기준과 역량이 다소 낮은 편이라고 생각한다. 즉, 물류 · 유통산업에 종사하는 근로자는 단순 · 반복 작업의 일용직 근로자가 많으며, 안전 의식 수준은 낮은 편이다. 물류 · 유통산업에서는 항공기나 선박 등의 초대형 장비도 사용되나 주로 지게차, 컨베이어벨트 등의 운반설비를 많이 사용하게 되므로 이들 장비에 의한 부딪힘과 협착, 끼임, 물림 등의 위험성이 있다. 물류 · 유통산업은 건설이나 제조산업과 같이 원재료가 사용되지는 않지만 창고운영 특성상 화재하중(단위 면적당 가연물의 양)이 매우 높으므로 화재에 매우 취약하며, 건물 구조에 익숙하지 않은 일용직 근로자들의 피난대책이 요구된다. 또한, 물류 · 유통산업에 특화된 안전 규정이나 법령 등이 상대적으로 부족한 편이며, 관련 기업에서도 자체 안전경영 전담조직의 구성뿐만 아니라 매뉴얼 · 절차서 · 지침서의 마련이나 교육훈련 등 안전체계 수립이 미흡한 편이다.

이러한 물류 · 유통산업의 특성을 고려하여 초심자의 마음으로 안전경영 Level-up 과정을 실행하였으며, 그 과정을 간략히 소개하고자 한다.

그림 3-11 : Level-up 과정 흐름도

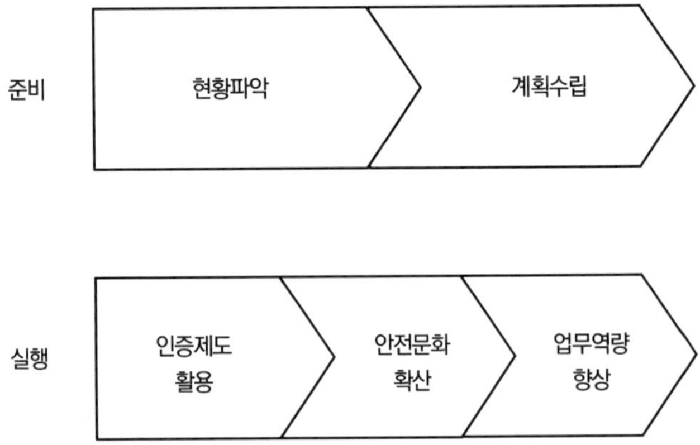

준비: 현황파악 → 계획수립

실행: 인증제도 활용 → 안전문화 확산 → 업무역량 향상

1) 현황 파악하기

본격적인 업무 수행에 앞서 현황을 파악하여야 했다. 우선 다소 생소한 산업 분야로의 이동이라서 사업에 대한 이해가 필요했다.

또한 새로 만들어진 신생기업이 아니고, 안전전담조직도 운영 중인 관계로 그동안 수행해 온 안전경영활동 수준(Set-up 단계 활동 수준)에 대해 검토해 볼 필요가 있었다.

사업 환경 파악하기

사업의 특성과 벨류 체인(Value Chain) 등을 이해한다면 안전경영 측면의 취약점과 개선점 파악이 용이하다. 특히, 제조업 · 건설업 · 서비스업 · 물류업 등 각 사업 영역별 안전관리 수준이나 기법이 약간씩 다르며, 적용되는 관련 법규 또한 차이가 있다.

장기나 바둑을 직접 두는 사람보다 옆에서 훈수 두는 사람이 더 잘 보이는 법이다. 따라서 새로운 시각으로 볼 필요가 있다는 생각에 기존 구성원들에게 설명을 듣기보다는 이직한 저자의 새로운 시각으로 현황을 파악하였다. 반대로, 그동안의 지식과 경험 등을 통해 자칫 선입견에 빠질 수도 있으므로 최대한 객관화하여 관찰

하였다.

먼저, 기업의 사업 영역과 규모를 파악하였다. 기업이 속한 사업 영역의 안전관리 수준과 기법 등 전반적인 분위기와 사업장 및 상시근로자 수, 전담조직의 규모 등 기업의 전체적인 규모를 파악하였다.

또한, 사업장을 직접 방문하여 실태를 확인하였다. 짧은 시간에 전체적인 상황을 효과적으로 파악하기 위해서 이해관계자와의 인터뷰를 진행하였고, 안전 관련 문서와 설비 등도 확인하였다.

Set-up 단계 활동 수준 확인하기

확인 사항은 다음의 세 가지 범주를 기준으로 진행하였다.

① 안전경영 조직체계 및 Human Resource

② 규정 및 업무프로세스

③ 안전설비 등 인프라

다만, 현황을 파악하다 보면 기존 인력들의 반발에 직면할 수도 있다. 따라서 변화를 원하지 않는 기존 조직에 자연스레 스며들 수 있는 방법을 고민해 볼 필요가 있겠다.

조직체계 및 Human Resource는 앞서 파악한 사업환경과 밀접한 관계가 있으며, 여러 상황을 고려하여 적합한 조직체계 및 필요한 인력 수를 산출하였다.

규정 및 업무프로세스는 현재 기업이 보유한 규정 등에 대한 현황과 개정된 시기를 확인하였으며, 안전경영 업무를 수행하는 프로세스들에 대해서도 검토하여 수정 · 보완이 필요한 부분을 도출하였다.

안전설비 등 인프라는 안전경영과 관련된 보유 설비와 투자계획 등에 대해 확인하였다.

이러한 활동 수준 확인을 통해 어느 정도의 수준인지를 파악하고, 확보한 자료는 다음 단계인 계획 수립하기의 근거 자료로 활용하였다.

그림 3-12 : Level-up Plan

■ EHS Level-up Plan(案)

Quick-Win | 단기 시행 | 중/장기 시행

현황파악을 통해 도출된 실행과제를 단계별로 차질 없이 수행함으로써, **"중대재해처벌법 Issue에 대응"** 하고 ○○○○을 **"물류•유통안전 선도기업 수준으로 향상"**시키고자 함

구분	안전경영 현황 (As-Is)
인적 및 조직적 관점	• EHS 인력부족 및 전문성 결여로 Spot성 업무대응 中 - 법정선임 외부위탁, EHS 전담 근무자 부족 - 사업별 EHS 업무체계 상이 (안전관리 수준 차 有) • 전사 및 본부 間 EHS 운영 방향성 상이, 업무 Align 부족 • 대내/외 이해관계자 間 EHS 네트워크 부족 - 관공서, 유관부서(ESG/보험/인프라 등) 업무 연계 미흡 • EHS 관계자 역량 부족 및 수행평가 체계 無
업무수행 프로세스 관점	• 사업별 業 특성상 EHS 관리 범위 및 방식 다양 - 표준 운영 매뉴얼(규정, 지침, 절차 및 체크리스트 등) 부재 • PDCA 관점의 효율적 EHS 관리 시스템 부재 • 전사차원의 EHS 예산 부족, 현업 집행률 관리 미흡 • 중대재해처벌법, 산업안전보건법 등 법규 및 정부정책 강화 • 사업 특성상 협력업체 의존도 높으나, 관리 역량 미흡 • 사업장 신/증설 時 EHS 법규 검토 및 준수 Issue 발생
업무수행 필요환경 관점	• 화재발생 등 중대재해에 따른 인적 및 물적 피해 Risk 高 - 자가시설 노후, 임차사업장 관리 한계 (시설투자, 비상대응 등) • 현황관리를 위한 자료 취합에 Load 증가 및 정확도 결여 - 사고이력 등 과거 Data 수집 및 활용의 필요성 증대 • 고객을 포함한 시민을 상대로 한 안전한 환경조성 요구 多 • 주요 고객사 EHS 관리 운영체계 강화 요구 多 • 전염병, 과로사 등 사회적 관심 증가로 보건 관리 영역 확대

실행과제 (To-Be)	
• 안전경영 전담 조직의 **전문성** 및 임직원의 **위기대응력 확보**	
① 그룹 **안전경영 전략 및 중점추진과제와 Align**	Q/W
② 안전경영 **조직개편 및 Resource 확보**를 통한 독립성 및 전문성 확보	Q/W
③ **위험의 외주화 지양** (00% → XX%)	지속
④ 협의체 등 EHS **커뮤니티 활성화** (그룹 ↔ 본사 ↔ 현업/협력사/대외기관)	Q/W 지속
⑤ EHS 업무 담당자 **전문성 강화** 활동	담당자 감독자/임직원
• 중대재해 예방 및 안전경영 역량 확보를 위한 **안전경영체계 마련**	
① **사업장 상시 진단** 및 EHS **컨설팅**을 통한 자율안전체계 구축 지원	Q/W 지속
② **전사 안전경영 예산 확보** 및 **조직별 효율적 집행** 관리체계 구축	Q/W 지속
③ EHS 관련 법규 전담업무를 통한 Risk Management **및 사전 대응력** 확보	지속
④ 적격 협력업체 선정 및 EHS 수준 향상을 위한 EHS **평가 체계 구축**	Q/W 지속
⑤ 신규 사업/설비 Set-up **全 과정 참여를 통한 법적** Risk Hedging **및 안전성 확보**	운용
• EHS 수준향상을 위한 **필요환경 구축**	
① EHS Portal **구축**을 통한 신속성/정확성/편리성/안정성 확보	구축 운용/고도화
② **안전/보건관리 환경구축**(실습실, CPR TS 운영 등)을 통한 역량 확보	사옥 이전 時 반영
③ ESG 경영 실천을 위한 **지속가능 체계 및 필요환경 구축**	구축 지속
④ 사고예방 및 신속한 대응을 위한 EHS **상황실 구축**	사옥 이전 時 반영
⑤ **對 시민 및 고객 대상** 안전한 환경 조성 인프라 구축	구축 운용/고도화

2) 계획 수립하기

계획은 크게 두 가지로 구분하여 수립하였다. 먼저 Set-up 단계 수준의 활동 중 미흡한 부분을 빠르게 보완해야 할 Quick-win 실행 계획과 시간을 갖고 중장기적으로 실행해야 할 Master Plan으로 구분하였다.

Quick-win 실행 계획

주요 Quick-win 실행 계획은 Set-up 단계에서 중요했던 조직 체계 정비, 운영프로세스 재정립, 필요 인프라 확보로 구분하여 과제를 도출하고 계획을 구체화하였다.

Quick-win 과제는 최대한 짧은 시간 내에 완료하는 것을 목표로 계획을 수립하여 즉시 실행하는 것을 원칙으로 하였다. 특히 법적 사항과 관련된 사항은 최우선으로 해결하였는데 대표적인 예가 안전보건계획을 수립하여 이사회 승인을 받는 것이었다.

① 조직체계 정비

사업 특성상 전국에 사업장이 흩어져 있으므로 각 사업장마다 안전경영 전담인력을 배치하기 어려운 상황이었다. 그래서 전국을 지역단위로 세분화하여 전담인력을 배치하는 조직체계 개편안을 수립하였고, 필요 인력산출 후 별도의 채용계획을 수립하였다.

그림 3-13 : 조직도

호남

□ 사업장 현황 00.01.02 기준

구분	합계	관리대상			비고
		A	B	C	
합계	00	00	00	00	
안전	00	00	00	00	안전관리자 선임 00명
보건	00	00	00	00	보건관리자 선임 00명
소방/전기	00	00	00	00	소방/전기 안전관리자 위탁

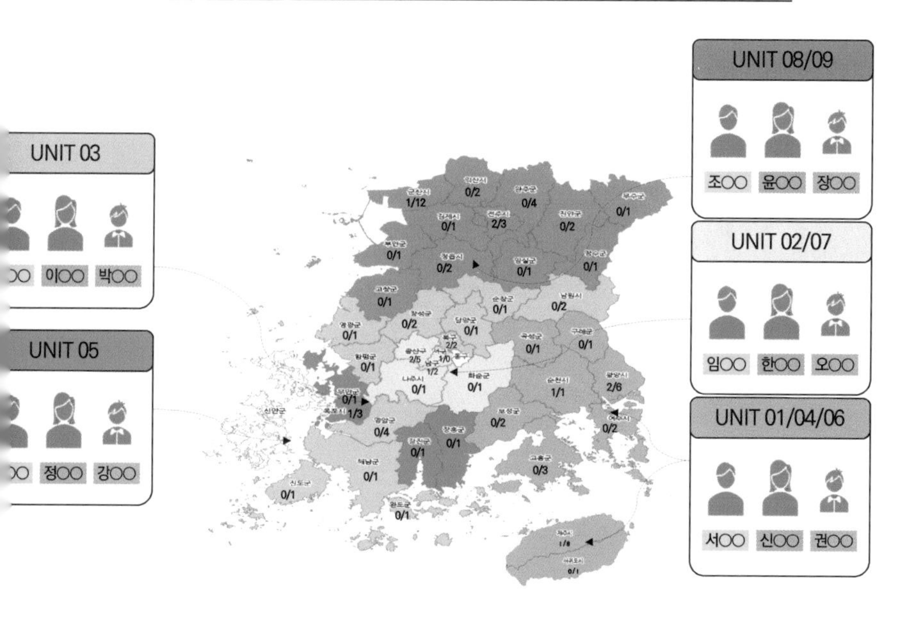

② 운영프로세스 재정립

대부분의 규정이 개정된 지 오랜 시간이 경과하여, 전체적으로 주요 내용만 빠르게 개정하였고, 연간 일정을 수립하여 각 규정에 대한 세밀한 검토를 통해 보완하기로 하였다.

그림 3-14 : 규정 검토

EHS관리기준 표준화 수립계획(案)

20XX.XX.XX.(-)
안전경영담당

□ **개 요**

- 전사 EHS 관리 표준서(00개) 전면 개정 및 표준 문서관리기준 적용을 통해 전사 EHS 경영 관리 기준을 일원화하고자 함.

구분	문서	정 의	관련 기준
규 정	00	EHS 업무 수행에 필요한 중요사항을 정한 것으로 관계 법규에 의거하여 사규 내 필요하다고 판단되는 문서	법적요건 (산업안전보건법, 교통안전관리법, 전기안전관리법)
매뉴얼	00	ISO 국제규격에 따라 개별 요구사항 수행에 필요한 중요사항을 정한 문서	ISO경영시스템 요건 - 환경경영시스템 (ISO14001) - 안전보건경영시스템(ISO45001)
절차서	00	매뉴얼에서 위임한 사항 또는 시행에 필요한 세부적인 기준 및 업무절차를 정한 문서	
지침서	00	사업장 실무운영에 필요한 세부 업무 가이드라인을 정한 문서	
합 계	**00**	-	-

※ 품질경영시스템(ISO9001) 표준서 통합 관리에 따라 품질관련 절차서(5개) 포함

□ **EHS 표준 문서관리기준**

- 문서화된 정보관리 절차서에 따라 문서관리번호 부여
- 표준 문서등록번호 양식

ABC-I[1)]M[2)]-P[3)]01[4)]

1) 회사 구분 : ㈜ABC의 표준 문서 규정
2) 업무 유형 구분 : I-공통, Q-품질, E-환경, S-안전, H-보건
3) 문서 구분 : M-매뉴얼, P-절차서, I-지침서

4) 요건 구분 : P-Plan, D-Do, C-Check, A-Act
5) 일련번호
- 각 사업별 운영 기준을 추가할 경우, 해당 절차서 및 지침서의 별첨 문서로 구분

□ **향후 계획**

- 전사 사업장 Audit 時 표준서에 따른 현장 운영여부 점검 예정
- 연 1회 안전경영기획팀 주관 전 표준서 대상 적합성 검토 진행 예정

별첨. 전사 EHS 표준서 운영 현황

③ 필요 인프라 확보

가장 중요하게 추진한 인프라 확보는 안전경영 IT 시스템의 개발이었다. 그동안 수작업으로 진행해 오던 업무를 IT화하기 위한 계획을 수립하여 투자예산을 확보하였다. 이후 약 10개월의 기간 동안 현장의 의견을 최대한 반영하여 관련 산업에서는 최초로 안전경영 IT System을 개발하여 적용하였다. IT System은 Web상에서뿐만 아니라 Mobile에서도 업무 처리가 가능하도록 하였으며,

그림 3-15 : EHS IT System

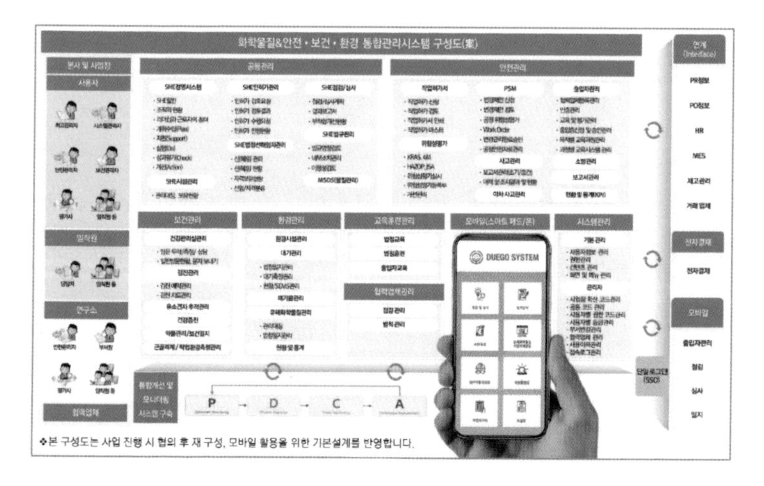

안전경영 전담자뿐만 아니라 관리감독자, 협력직을 포함한 전체 근로자가 사용할 수 있도록 개발하였다.

추가로, 필요한 안전 인프라를 도출하고 마스터플랜에 포함시켜 업무를 진행하였다. 또한, 경영책임자 및 안전경영 전담조직은 안전경영활동에 필요한 별도의 예산을 편성하고 그 편성된 용도에 맞게 집행하도록 하여야 한다. 따라서, 전년도 예산의 적정성, 동종업계 예산편성 수준, 고용노동부 고시 사항 등을 종합적으로 고려하여 편성하였다.

Master Plan 수립

앞서 진행한 현황 파악을 통해 Quick-win 과제를 포함한 전체 15개 과제를 도출하였다. 이후 각 과제에 대한 세부 실행계획을 포함한 마스터플랜을 수립하였다.

계획은 크게 세 가지 관점(인적 및 조직적 관점, 업무수행 프로세스 관점, 업무수행 필요환경 관점)으로 구분하여 수립하였다. 또한 마스터플랜에는 실행 주체, 일정, 모니터링 방법 등을 포함하였고, 과제 실행 후 예상되는 목표 산출물도 포함시켰다.

이렇게 수립된 마스터플랜은 'EHS Level-up Plan'이라는 명칭으로 경영진에 보고하였다. 이후 주요 안전경영 관계자인 안전보건관리책임자와 관리감독자, 그리고 안전경영 전담부서 인원들에게 공유하였다. 물론 계획수립단계에서 경영진의 기대 수준, 안전경영 관계자와의 인터뷰, 안전경영 전담 인원들의 의견을 반영하여 수립하고자 하였다.

그림 3-16 : EHS Action Plan

EHS Action Plan

범례	
계획	완료
실행	완료(지연)
실행(지연)	

구분	실행과제	세부내용	세부 구분	담당 인원	주관부서				운영일정 (운영주기).	진행률	계획 시작	계획 기간	실행 시작	실행 기간	1월					2월				3월				4월			
					그룹	전사	본부	사업장							1주	2주	3주	4주	5주	6주	7주	8주	9주	10주	11주	12주	13주	14주	15주	16주	17주
1. '22년 그룹 안전경영 전략 및 중점추진과제와 Align										100%																					
	1.1 안전보건경영방침									100%																					
		1) 내용 수정 및 이미지 편집	실행과제/중처법대응			O				100%	1주	2주	3주	2주																	
		2) 임직원 방침률 서약 (E-Hr활용)	실행과제/중처법대응			O			1회/년	100%	1주	2주	3주	2주																	
		3) 전산 시스템 업데이트 (홈페이지 게시, Cjworld 팝업(공지))	실행과제/중처법대응			O				100%	1주	2주	3주	2주																	
		4) 사업장 현 장 내 주요 장소(휴게실/사무실) 게시	실행과제/중처법대응			O	O	O		100%	1주	2주	3주	2주																	
	1.2 업무계획 수립									100%																					
		1) 전사/본부/사업장 22년 EHS 업무계획 수립	실행과제/중처법대응			O	O	O	1회/년	100%	1주	3주	1주	3주																	
2. EHS 조직개편 및 Resource 확보를 통한 독립성 및 전문성 확보										94%																					
	2.1 조직개편 및 전문인원 확보									94%																					
		1) 조직 개편 및 R&R 재정립	실행과제/중처법대응			O	O			100%	8주	2주	7주	2주																	
		2) 전문 인원 확보	실행과제/중처법대응			O	O			87%	1주	26주	1주	26주																	
3. 위험의 외주화 지양 (법정선임자 내재화)										58%																					
	3.1 법정 선임자 관리									75%																					
		1) 법정 선임자 리스트 관리 (Safety Profile 활용)	실행과제/중처법대응			O			1회/분기	50%	해당	월중	"O"	기입			O														
		2) 사업장 내 안전보건관리(총괄)책임자, 관리감독자 업무 R&R 정립	실행과제/중처법대응			O				100%	1주	2주	1주	2주																	
	3.2 관리자 임명장 수여(안전보건관리(총괄)책임자&관리감독자)									50%																					
		1) 임명자 수여 대상자 리스트 관리	실행과제/중처법대응			O			1회/분기	25%	해당	월중	"O"	기입		O															
		2) 관리감독자 및 안전관리(총괄)책임자 임명장 제작	실행과제/중처법대응			O				100%	1주	2주	2주	1주																	
		3) 임명장 수여	실행과제/중처법대응						1회/분기	25%	해당	월중	"O"	기입			O														
	3.3 안전경영 Incentive/Penalty 운영									50%																					
		1) 안전경영 / 우수성업장 포상	실행과제/중처법대응			O			1회/년	5%	51주	2주																			
		2) 현장경영(불시점검/안전경영 활동의날) 격려품 지급	실행과제/중처법대응			O				100%	9주	2주	9주	3주																	
		3) 유해위험요인발굴 제안방 운영	실행과제/중처법대응			O			1회/주	44%	5주	48주	6주	21주																	

3) 인증제도 활용하기

마스터플랜에 따라 15개 각 과제별로 안전경영활동을 수행해 나갔고, 이에 대한 효과를 검증할 필요가 있었다. 이에 기존에 인증을 유지 중인 ISO, KOSHA 인증과는 별도로 외부 인증제도를 활용하였다.

공간인증 및 대한민국 안전 대상

공간인증은 사업장의 안전경영시스템 및 방재설계 · 시공 · 관리상태 등에 대한 안전진단을 시행하여 소방방재 분야에 대한 공간 안전 관리 유지를 목적으로 시행하는 제도이다. 감독기관인 소방청의 관리감독하에 한국안전인증원에서 평가하는 제도로 공간안전인증을 받은 특정소방대상물은 소방청장, 소방본부장 또는 소방서장이 실시하는 소방특별조사대상 선정 심사 시 제외되며, 매년 정기적으로 실시해야 하는 종합정밀점검이 인증 유효기간 동안 면제된다.

또한, 안전 분야 국내 최고 권위를 자랑하는 대한민국 안전 대상에서 가산점 부여의 혜택도 있어서 내친김에 공간인증과 함께 안전 대상에도 신청하여 진행하였다.

그림 3-17 : 공간안전인증제도(#한국안전인증원 홈페이지 참고)

사회 전반에 만연한 안전불감증으로 인해 국민의 불안감이 높아져 가고 있습니다. 조속한 안전문화의 정착은 우리 기업과 사회의 당면한 과제입니다. 소방청이 감독하고 사단법인 한국안전인증원이 주관하는 공간안전인증제(Safety Zone-Certi)는 안전을 중시하는 기업문화를 정착시키고 국민들의 안전에 대한 불안을 해소하기 위해 기획 · 운영되는 제도입니다.

01 바람직한 안전관리를 위한 경영자의 안전마인드를 고양하고 안전시설의 체계적이고 효율적인 관리와 방향을 제시하기 위하여 사업장의 설계 · 시공 · 관리상태 등을 종합평가하여 그 안전수준을 인증하는 제도입니다.

02 화재나 재난방지의 중요성에 대한 인식 및 관심을 확산시키고 안전에 대한 국가 및 기업의 투자를 유도하여 국가의 안전문화 수준을 높이는 데 그 목적을 두고 있습니다.

03 인증평가에는 방재안전 · 건축구조 · 소방설비 · 재난예방 분야의 최고 전문가들이 참여합니다. 특히 평가과정은 컨설팅을 겸하고 있어 인증평가를 받으신 사업장의 받으면 사업장의 안전관리시스템이 획기적으로 개선되는 효과를 꾀할 수 있습니다.

04 인증평가 대상은 발전소, 공장, 일반사무용 건물, 호텔, 리조트, 백화점, 할인점, 물류창고, 전시관, 경기장, 대학교, 종합병원 등의 모든 건축물입니다.

전사적으로 처음 진행하는 인증 활동이었으므로 현장의 참여 유도가 다소 어려웠지만, 안전경영 전담조직의 지원과 설득을 통해 현장운영 조직의 노력으로 공간인증을 획득하였으며, 대한민국 안전 대상에서 우수기업 부문 국무총리상을 수상하기도 하였다.

안전 · 동행 인증

저자의 소속 기업은 전국적으로 많은 사업장을 보유한 기업이다 보니 안전 · 동행 프로그램에도 신청하게 되었다.

안전 · 동행 프로그램은 안전보건공단이 주관하는 제도로, 사업

그림 3-18 : 안전동행 프로그램(#안전보건공단 홈페이지 참고)

안전 · 동행 프로그램 구축지원

■ 목적

• 사업현장(지점)을 다수 보유한 본사에 현장 재해예방활동 지원을 위한 체계를 구축토록 하고, 사업현장에 대한 지원활동 추진 등 일정 수준이상인 본사를 안전보건 지원체계 구축사업장으로 인증함으로써 재해예방활동을 촉진

■ 사업대상

• 사업현장(지점, 가맹점 등)을 다수 보유한 본사
  - 대상 : 제조, 건설업을 제외한 모든 업종 중 음식업(프랜차이즈, 단체급식), 도소매업(대형유통), 검물관리업, 기타의 본사 및 현장(지점)

■ 추진방침

• 사업현장(지점)을 다수 보유한 본사를 대상으로 추진
• 참여 또는 인증신청 본사에 대하여 공단에서 컨설팅 및 심사 실시
• 업종별 · 기업별 특성을 고려하여 안전보건 조직문화 평가 실시
• 본사의 안전보건 지원체계를 평가하고, 인증기준 충족 시 인증서(패) 수여

■ 추진절차

• 컬설팅신청	• 컨설팅	• 인증신청	• 인증심사
체계구축 컨설팅 신청	본사방문 기술지도	인증신청	본사방문 인증심사
• 심사위원회	• 인증서수여	• 연장심사	
인증심의 및 결정	인증서 수여	인증유지 평가	

현장(지점)을 다수 보유한 본사에 현장 재해예방활동 지원을 위한 체계를 구축하도록 하고, 사업현장에 대한 지원활동을 추진하게 하는 제도이다. 즉, 이러한 재해예방활동이 일정 수준 이상인 본사를 인증함으로써 재해예방활동을 촉진하는 제도이다.

안전 · 동행 프로그램 또한 처음 진행하는 인증활동이었으므로 다소 어려움이 있었지만 전사 차원의 안전경영조식이 준비하고 현장 운영조직의 도움으로 무난히 인증받았다.

4) 안전문화 확산하기

안전문화는 중장기 로드맵(Road Map)을 수립하여 시간을 갖고 단계별로 추진하기로 계획하였다. 우선 첫 단계로 근로자들을 안전경영 환경에 최대한 많이 노출시킴으로써 안전과 친숙해지도록 추진하였다.

Safety Series

Safety Talk, Safety Walk, Safety Contact라는 Safety Series를 기획하여 진행하였다.

Safety Talk는 기존 TBM과 같은 성격의 활동으로, 각 사업장에서 일과 시작 전 5~10분간 관리감독자 주관하에 위험요인 인지 및 안전의식 고취를 위한 내용으로 진행한다. 이를 통해 관리감독자는 전체 근로자들과 매일 안전경영과 관련된 내용을 공유하고 생각할 수 있도록 하였다. 다만, 관리감독자의 부담을 줄여 주기 위해 전사 차원의 교안(사고 사례, 공지사항 등)을 제작하여 제공하였다. 이 제도의 성패는 관리감독자들의 의지가 매우 중요하며, 처음 도입 후 지속적으로 활동 결과를 모니터링하여 잘 정착되도록 유도하였다.

Safety Walk는 관리감독자가 출근하면서 사업장을 한 바퀴 돌며 유해위험요인을 찾아보는 활동이다. 물론 법정 사항인 순회 점검 등의 활동도 하고 있지만, 이에 추가하여 매일 출근하면서 사업장의 안전을 자율적으로 체크하는 활동으로 관리감독자 이외에 근로자 누구라도 유해위험요인을 발견하면 웹이나 모바일을 통해 IT System에 등록하고 관리하는 활동이다. 이때 유해위험요인이 발견되면 이어서 진행하는 Safety Talk에서 공유하고, 모바일 폰을 이용하여 IT 시스템에도 등록하여 개선 활동을 진행한다.

Safety Contact는 크게 2가지로 구분하여 진행하였다. 먼저 정보제공 방식으로, 근로자들에게 안전경영과 관련된 정보를 Letter나 게시물 형식으로 제작하여 e-mail이나 On/Off-line 게시판 등을 통해 제공하였다. 필요시 앞서 설명한 Safety Talk 진행 시에도 활용할 수 있도록 하였다. 두 번째는 안전경영과 관련된 영상물을 제작하여 사내 방송을 통해 내보냈다. 영상물은 안전경영 전담부서 인원들이 직접 출연하였고, 흥미 유발을 위해 영상물은 TV 프로그램 방식을 따와서 활용하였다. 예를 들면, 꼬꼬무라는 TV 프로그램처럼 안전경영에 대한 주제를 이야기 방식으로 풀어서 설명한다거나, 식신로드처럼 안전로드라는 이름으로 안전경영을 잘 실천하고 있는 사업장을 방문하여 벤치마킹 소재를 소개하는 방식으로 진행하였다. 또한 이러한 영상물들을 주요 회의나 행사 시작 전에

그림 3-19 : Safety Walk & Talk

Safety Walk & Talk

교육관리 > Safety Walk & Talk

시행일자 2023-03-13 ~ 2023-03-13

조회 목록

전체 1 건

전체 현황 조회 현황 조회 저장 15

시행일자	본부	담당	지사	사업장	Safety Walk	Safety Talk					
					점검결과 *			협력업체		시행사진 *	운영여부
						참석인원 *	대상인원 *	참석인원 *	대상인원 *		
2023-03-13 (월)					화기 작업 시 화재 위험요소 제거 및 소화기 비치, 비상 대피로 확보 여부 교육 실시	3	3	7	7	파일을 드래그 & 드랍 하세요. ※ 허용된 확장자 : jpg, jpeg, gif, png, bmp, txt, pdf, hwp, gul, docx, doc, zip, xls, xlsx, ppt, pptx, xml, dwg, mp4, avi 찾아보기 03.13.jpg (362.84 KB) 삭제	◉ 운영 ○ 미운영

함께 시청함으로써 안전경영에 지속적으로 노출시키는 활동을 전개하였다.

현장 안전경영의 날

'현장에 답이 있다'라는 지극히 보편적인 이야기를 실천하기 위해 본사에 근무하는 담당 임원이 현장을 방문하는 안전경영의 날을 진행하였다. CEO를 비롯한 주요 경영진이 월 1회 이상의 현장 방문을 진행하였고, 안전경영 소속의 임원은 매주 사업장을 순회 점검하였다. 현장 안전경영의 날은 공식적인 행사이므로 현장에서 사전에 준비를 잘하였는데, 가끔 불시점검 차원에서 사전 예고 없이 방문하여 현장의 안전경영 수준을 체크하기도 하였다.

다만, 현장 안전경영의 날 행사나 불시점검은 지적을 위한 방문이 아니라 안전경영과 관련하여 부족한 부분을 찾아보고 개선 아이디어를 도출 · 개선하여 현장을 보다 안전한 일터가 되게끔 지원해 주는 활동으로 전개하였다.

그림 3-20 : 현장 안전경영의 날 행사

20XX년 0월 '안전경영활동의 날' 운영 결과

20XX.XX.XX.(-)
안전경영기획팀

□ 시행일시: XX월 XX일(-) 10:00~14:00

1) 시행대상

구분	내용	비고
全 사업장	· 관리감독자 주관, 전체 임직원 참여	
집중점검 사업장 (00개)	· 관리감독자 주관, 조직장 참여 · 안전경영 담당자 지원	경영진 참여

2) 경영진 참석 현황

구분	대상	참석	불참	비고
AA장				
BB장				
CC장				

□ 시행내용

구분	내용	비고
테마공지	월별 운영계획 및 테마(체크리스트) 공지 (안전경영기획팀) - **2월 테마 : ① 위험성 평가, ② NEW 유해위험요인 발굴 제안방 운영**	
주요시행 내 용	① 사업장 리스크 개선사항 공유 (관리감독자) - 리스크 개선사례, 기타 안전관리 활동, 사고사례(동영상) 및 개선사항 등 ② 안전점검 테마 안내(안전경영운영1, 2팀) ③ 월별 테마 현장점검 시행 및 안전 개선활동 확인 (참석자) ④ 현장 안전관련 요구사항 및 당부사항 소통 (참석자)	현장 시행 (1hr 내외)

구분	내용	비고
결과기록	**결과보고서 및 체크리스트 EHS포털시스템 등록 (집중점검 57개 사업장)** * '안전경영활동의 날' 게시판 운영 中	등록 中
부적합개선	**현장점검 결과 부적합에 대해서 EHS포털시스템 등록하여 개선조치 관리**	등록 中

□ **사후관리 계획**

- 부적합 개선 진행 확인 및 공통적인 개선필요 사항 수평 전개
- 현장 요청시항 취합 및 답변 공유

5) 업무 역량 향상하기

안전보건관리책임자, 안전보건총괄책임자, 관리감독자 등 안전경영 관계자들의 역량과 안전경영 전담인력의 역량을 향상시키기 위한 활동을 진행하였다.

물론, 일반 임직원에 대한 안전경영 역량은 안전문화 향상 활동을 통해 별도로 진행하였다.

안전경영 관계자 역량 확보

안전경영 관계자 중에는 안전에 대한 의지는 있으나 방법을 잘 몰라서 실행하지 못하는 경우가 많다. 이러한 경우 안전관리자나 보건관리자의 역할이 매우 중요하다. 안전관리자와 보건관리자는 현장에서 궁금해하는 부분을 정확히 안내할 필요가 있으며, 개선 방법도 함께 제시해 주는 것이 좋다.

대다수의 사업장에 안전관리자와 보건관리자가 상주하지 않는 경우가 많아 '찾아가는 안전보건 상담실'의 형태로 운영 · 지원하였고, 이를 통해 단순히 안전경영 부서에서 진단이나 점검에 그치는 것이 아니라 함께 고민하고 개선한다는 이미지가 생기도록 하였다.

또한, 외부 안전 및 보건관리업체에 위탁하여 관리하는 경우에도 업체를 통해 현장의 안전경영 관계자가 최대한 이해하기 쉽고, 적용 가능한 안전경영활동을 소개하고 이행하는 것을 돕도록 하였다.

그림 3-21 : 찾아가는 상담소

법적 사항인 안전보건관리(총괄)책임자 및 관리감독자 교육 이외에도 별도의 상담실 운영을 통해 안전경영에 대한 이해도를 높였고, 안전사고가 발생한 사업장의 안전경영 관계자는 사고예방 프로그램을 이수해야 하는 제도를 도입하였다. 이때 단순히 강의식 교육보다는 안전경영 관계자가 직접 참여할 수 있는 방식으로 진행하였다. 예를 들어 사고 당시의 위험성 평가를 실시하거나 유해위험요인 발굴 및 제안활동 등을 병행하였다.

안전경영 전담인력 역량 확보

우리나라에도 안전공학을 전공하는 대학교가 많아졌다. 그러다 보니 안전공학을 전공한 전문인력이 많이 확보되었지만, 학교에서 이론적인 부분만 습득하였지 현장 현황을 잘 모르는 경우가 대부분이었다. 가능하다면 학위과정 중에 인턴십과 같은 프로그램을 통해 졸업 전에 현장의 현황을 먼저 체험해 보는 방법도 고려할 만하다.

신입사원뿐만 아니라 경력직으로 입사한 신규인력도 타 산업군에서 이동한 경우 다소 생소할 수 있어서 현장을 수시로 방문하게 하였고, 특히 같은 직무끼리는 서로 벤치마킹할 수 있는 자리를 마련하였다. 또한 분기별 동일 직무 워크숍에서 외부 전문가를 초청하여 해당 분야의 새로운 동향이나 지식을 습득하도록 하였다.

한편, 매월 전체 인원을 대상으로 월례회를 진행하여 주요 정책 등에 대해 공유하는 시간을 가졌다. 이 외에도 각종 박람회, 전시회, 학회 등에 참여하여 개인별 역량을 확보하는 데 도움을 주고자 하였다.

••• 마치며

안전경영의 실행은 어렵지 않다. 어렵다고 생각하기 때문에 어렵게 느껴지고 실행을 미루는 것뿐이다. 머뭇거리며 실행을 미룰 때 우리 기업이나 조직에서 언제든지 사고가 발생할 수 있으며, 이로 인해 사고 당사자는 물론이거니와 크게는 기업이나 조직의 존폐가 좌우되는 것이다.

앞서 본문에서 설명한 안전경영 따라 하기의 내용들이 정답은 아니다. 다만, 기업이나 조직이 처한 상황과 여건을 고려하여, 필요하다고 판단되는 과정 하나하나를 따라 하다 보면 그 기업이나 조직의 안전수준은 조금씩 향상될 것이다. 조금씩이라도 실행하는 것이 중요하며, 절대 미루거나 멈춰서는 안 된다.

빨리 먹을수록 체하는 법이고, 급할수록 돌아가라는 속담이 있다. 그러나, 현대를 살아가는 우리에게는, 특히 안전이 담보되지 않은 사업장에서 근무하고 있다면 빨리 먹을수록 배가 부르고, 급할

수록 빠른 길을 선택해야 한다. 즉, 가능하다면 빨리 실행하고 적용하여 안전을 확보하는 것이 중요하다.

끝으로 안전경영은 누가, 언제, 어디서, 무엇을, 어떻게, 왜 해야 하는가를 질문해 본다. 흔히, 안전경영은 전담부서나 담당자가, 사고가 발생하면, 사고장소에서, 사고조사 대응을, 정부 기관을 상대로, 행정처분의 수준을 낮게 받기 위한 활동으로 생각하는 경우가 많다. 아주 틀린 말은 아니지만, 안전경영활동의 범주에서 극히 작은 일부에 해당하는 표현이다.

저자가 생각하는 안전경영활동은 아래와 같이 표현할 수 있다.

① 누가(Who): 안전경영 전담부서나 담당자의 지도 · 조언을 받아서 안전경영 관계자(안전보건관리책임자, 관리감독자 등) 주도하에 전체 근로자가 참여하여

② 언제(When): 사업장 가동이나 사고발생 등의 유무와 관계없이 평상시(예방)나 사고발생 시(대응) 언제나,

③ 어디서(Where): 도급 · 용역 · 위탁 등을 한 경우 실질적으로 지배 · 운영 · 관리하는 장소를 포함한 기업이나 조직의 관리영역 전체에서,

④ 무엇을(What): 위험성 평가를 통한 유해위험요소 발굴 및 제거 등 안전경영 역량향상과 관련된 활동들을,

⑤ 어떻게(How): 성숙된 안전문화를 바탕으로 자율안전체계가 구축되도록 중장기적 비전과 목표를 갖고 수행하여야 한다.

⑥ 왜(Why): 이는 근로자 개인과 개인이 속한 기업이나 조직, 나아가 사회의 안녕을 위해 필요한 활동이기 때문이다.

이 책에서 제안한 내용들이 안전경영을 처음 시작하거나 어려움을 겪고 있는 중소·중견기업을 포함한 모든 경영자와 실무자에게 조금이나마 도움이 되었기를 간절히 소망한다.

끝으로 언제나 나에게 삶의 에너지를 주는 모든 가족에게 감사와 사랑의 마음을 이 책을 빌려 전한다.

엄상용

공학박사, CRE, CFEI

現, 기업 안전경영담당 임원

safety_helper@naver.com

경영자와 실무자를 위한

안전경영 따라 하기

초판인쇄 2023년 06월 16일
초판발행 2023년 06월 16일

지은이 엄상용
펴낸이 채종준
펴낸곳 한국학술정보(주)
주 소 경기도 파주시 회동길 230(문발동)
전 화 031-908-3181(대표)
팩 스 031-908-3189
홈페이지 http://ebook.kstudy.com
E-mail 출판사업부 publish@kstudy.com
등 록 제일산-115호(2000. 6. 19)

ISBN 979-11-6983-414-8 03320